Let's Speak Indonesian

Let's Speak Indonesian

Ayo Berbahasa Indonesia

VOLUME 1

Ellen Rafferty

Erlin Barnard

Lucy Suharni

University of Hawai'i Press
Honolulu

Library of Congress Cataloging-in-Publication Data

Rafferty, Ellen, author.

   Let's Speak Indonesian : Ayo berbahasa Indonesia / Ellen Rafferty, Erlin Barnard, Lucy Suharni.

      pages cm.

   English and Indonesian.

   ISBN 978-0-8248-3479-1 (pbk. : alk. paper : v. 1)

   1. Indonesian language—Spoken Indonesian—Textbooks for foreign speakers—English. I. Barnard, Erlin, author. II. Suharni, Lucy, author. III. Title.

   PL5073.R23 2014

   499'.9922183421—dc23

                                                                          2013017872

Let's Speak Indonesian: Ayo Berbahasa Indonesia
by Ellen Rafferty, Erlin Barnard, and Lucy Suharni
   ISBN 978-0-8248-3479-1 (Vol. 1)
   ISBN 978-0-8248-3480-7 (Vol. 2)

Indonesian Grammar in Context: Asyik Berbahasa Indonesia
by Ellen Rafferty, Molly Burns, and Shintia Argazali-Thomas
   ISBN 978-0-8248-3478-4 (Vol. 1)
   ISBN 978-0-8248-3574-3 (Vol. 2)
   ISBN 978-0-8248-3575-0 (Vol. 3)

University of Hawaiʻi Press books are printed on acid-free paper and meet the guidelines for permanence and durability of the Council on Library Resources.

Printer-ready copy has been provided by the authors in association with Linda Weidemann, Wolf Creek Publishing Services.

Contents

5 Pergaulan Mahasiswa

Socialization among college students 105

6 Rencana ke Luar Kota

Plans for going out of town 131

Acknowledgments

I am indebted to many Indonesians at the University of Wisconsin–Madison and the National University of Singapore with whom I have had the pleasure of working over the past several years to complete the two-volume text *Let's Speak Indonesian: Ayo Berbahasa Indonesia*. First and foremost I want to acknowledge and thank my coauthors, Erlin Barnard and Lucy Suharni, for their tireless efforts developing these materials. The text is the vision of Erlin Barnard, who initiated discussions about creating communicative materials for the teaching of Indonesian and encouraged me to write a proposal for funding. The execution of good ideas takes a great deal of creativity, hard work, and perseverance; my sincere thanks go to Lucy Suharni for writing numerous dialogues and exercises that exemplify the language functions in these lessons. I am sincerely grateful to other key collaborators who have helped pilot and revise the lessons, especially Amelia Liwe, a superb and experienced language teacher with a solid grounding in pedagogical principles. I express my appreciation also for the assistance of Yosef Djakababa and Sisca Oroh Bolling who worked on the revision and editing of these volumes.

The art work (illustrations and photographs) for the *Let's Speak Indonesian* volumes is extensive and required the collaborative efforts of many. Jason Klein of the Madison newspapers worked closely with the lesson developers to draw situations that accurately support the exercises. I am truly grateful for generous photographic contributions from Dadit Hidayat, Toni Satriyantono, Erick Danzer, Ivan N. Patmadiwiria, Arti Wulandari, Amelia Liwe, Hening Paramita, Fanny Loe, Lucy Suharni, and Jennifer Munger.

The audio recording project was skillfully managed by Shintia Argazali-Thomas. I gratefully acknowledge the following individuals who graciously contributed their voices to give life to the dialogues of this text: Amelia Liwe, Arti Wulandari, Sakti Suryana, Steve Laronga, Andreas Kuncoro, Ariyani Rini, Dadit Hidayat, Heni Suryadewi, Yosef Djakababa, Laras Sekarasih, Katherine Elia, Sofian Hidayat, Paramita, Vanani Jusuf, Effendy, Mohamad Danijarsa, Pam Anan, Magdalena Widjaya, and Stephanie Jaya.

Funding for these two volumes came from a number of sources. I wish to express my sincere gratitude for the support of the United States Department of Education, International Research and Studies Program, the United States National Security Education Program, and the Center for Southeast Asian Studies at the University of Wisconsin–Madison. Without the financial support from these organizations, the project would not have been possible.

Many in the field of Indonesian language teaching have piloted these materials, making valuable suggestions for improvements. Among those I would like to give special thanks are Amelia Liwe, Arti Wulandari, Fanny Loe, Jolanda Pandin, Nona Kurniani, and Pauli Sandjaja, who were extremely generous with their time. The final text is certainly much improved as a result of the careful readings given by Michael Ewing, Rianna Agnesia, Hening Paramita, and two anonymous readers.

I am truly fortunate to have had the support of Melisa Tjong to help complete the final copy editing and Shintia Argazali-Thomas, a librarian by training, who has organized, formatted, and made final edits for these volumes. Finally, it has been a pleasure working with Linda Weidemann of Wolf Creek Publishing Services and Pamela Kelley of the University of Hawai'i Press, whose expert guidance has been a great support throughout the process.

Introduction

Let's Speak Indonesian: Ayo Berbahasa Indonesia is an introductory text that guides the learner from the novice to the intermediate-high level of Indonesian oral proficiency skills using the communicative approach. The communicative pedagogical framework results in a text that is designed for in-class use, not for individual (self) study. Each lesson teaches several language functions or speech acts, thereby enabling the student to communicate in a variety of social contexts. While teaching oral communication, the text also addresses the three modes of communication, i.e., the interpretive, interpersonal, and presentational, promoted by the Standards movement. Students listen and interpret the dialogues presented at the beginning of each lesson, engage in interpersonal communication via role-play exercises and group work, and finally make presentations based on group discussions.

Classroom Interaction

The text is written to create a student-focused classroom where students play an active and central role in classroom interactions, while the teacher is the facilitator and consultant. Most class time is devoted to pair or group work with students interacting primarily with each other. Second language acquisition research has shown that students learn best when they are actively engaged in "real" communication and when they are at ease with their conversational partners. Thus, the two benefits derived from the student-centered classroom are that the students have more time to actively participate, and they are more relaxed, speaking with peers rather than with the teacher.

The materials are rich with illustrations, diagrams, and photographs in order to bring Indonesian culture to the student and to diminish the need for translation during the process of language acquisition. In the early lessons, cognates from English are occasionally used instead of more commonly used Indonesian terms in order to avoid translation. The objective here is to give the beginning language learner confidence in his/her ability to understand Indonesian without the aid of an English translation and to develop his/her learning strategies for tolerating ambiguity and guessing from context. The practice of using English loan words in the early lessons rapidly decreases as the learner gains control of more Indonesian vocabulary. To aid the transition to Indonesian in the classroom, the student instructional language for the exercises is given in English for the first four units; it then shifts to Indonesian once the students are comfortable with the format and types of exercises used in the text.

Finally, the text is designed for Indonesian to be the medium of instruction in the classroom. In order to maximize the time spent by students in meaningful communicative tasks, students come to class prepared, having read the lesson objectives and the cultural notes. Since the primary objective of this text is to teach oral proficiency, not grammatical accuracy, the teacher should not be overly concerned about student "mistakes." With sufficient comprehensible input and practice, students will acquire the correct language patterns. Instructors are encouraged to use other teaching materials that are specifically designed to develop grammatical accuracy.

The Teacher's Role

Despite the student-centered management strategy, the teacher's role remains crucial; at the beginning of a lesson, the teacher introduces the lesson and guides the students through any preparation needed for the lesson's objectives. Then, while the students are engaged in small-group work, the teacher circulates around the class to keep the students on task, offering help to those who need it, observing common problems, and assessing learning progress. At the end of the group work, the teacher will often bring the class back together for group reports, a class check on the lesson's objectives, a description of homework assignments, or plans for the next day. Small-group reporting from the *ayo berkomunikasi* exercises is especially useful and interesting to the whole class because students are inherently interested in the meaningful exchanges of their peers. Since some of the *ayo berkomunikasi* tasks entail homework, such lessons cannot be completed until the next class session. Prior to the lesson, students should familiarize themselves with the lesson objectives by reading the English-language segments of the lesson and listening to the dialogue.

The Organizing Principle of the Text

This book consists of fifteen thematic (topical) units that address the speaking (functional) needs of the novice to intermediate learner and the interests of university students. Research studies have demonstrated that using functional topics rather than grammatical structures as the organizing principle yields far better results when one is learning oral proficiency skills. The fifteen thematic units of the two-volume text begin with topics about the self such as making acquaintances, visiting friends and family, and daily activities; they then move on to topics of more general interest such as hobbies, eating out, shopping, and studying at the university; finally, they shift to topics of wider social interest such as travel, health issues, career goals, Islamic rituals and celebrations, and work. Each thematic unit opens with a photograph to contextualize the topic; note that the photograph does not represent the characters or specific settings discussed in the lesson. Within each unit there are three lessons, each of which teaches four or five language functions or speech acts. A speech act is an utterance that accomplishes a social task; e.g. speech acts are used to offer a greeting, make a request, or register a complaint. The speech act may be one word or a sentence or two. For example, in English an apology may be the one word "Sorry" or the two sentences "I'm sorry I forgot your birthday. It just slipped my mind." Learning which speech acts are appropriate in different social contexts requires learning the social and cultural rules of a society. A student of English, for example, would need to learn when the appropriate greeting is "Hi" as opposed to "Hello. How are you?"

Each lesson has the following structure:

- **In this lesson you will learn**: A list of the language functions taught in the lesson.

- *Dialog*: A presentation of the language functions in context with accompanying digitized conversations.

- *Persiapan* (optional): A pre-teaching of key vocabulary items.

- *Ayo Berlatih*: A set of exercises to develop accuracy in using the language functions.

- *Ayo Berkomunikasi*: A set of exercises to develop fluency in using the language functions in communicative contexts.

- *Kosakata*: A list of the key, new vocabulary items with their English translations.

- **Cultural Notes**: Notes to aid the student in understanding the cultural context as well as the cultural values and beliefs implied in the dialogue.

In this lesson you will learn: This segment presents a list of the language functions and examples of them in Indonesian. For example, two of the language functions in lesson one are "how to greet people at different times of the day" and "how to make (and accept) an offer." After studying the lesson, the student should be able to use all of the language functions listed in this section in personalized and communicative contexts.

Dialog: Each lesson begins with a conversation in which the language functions are presented in a culturally appropriate context so that the students can derive the meaning of these language functions from the context. In addition, the students learn intonation and stress patterns and the appropriate language use for different social relations from the dialogue. The dialogue is then followed by a set of questions or activities to check comprehension.

Persiapan (optional): This section is included whenever there is new vocabulary or a concept that is crucial to the lesson that needs pre-teaching. For example, in lesson 1.1, the times of the day in Indonesia are presented in this section so that the student will be able to accurately and appropriately use the Indonesian greetings specific for the different times of the day. In this section, illustrations and/or diagrams are frequently used to facilitate comprehension without the use of translation.

Ayo Berlatih: This section offers a set of **controlled exercises** where the student develops **accuracy** in using the language functions. At this point the student exercises are more mechanical (although they are not substitution drills) to allow the student to build accuracy in using the language pattern. While the lesson's ultimate objective is to teach communicative language use, at the beginning stages the student must develop accuracy while building the underlying skills of pronunciation, intonation, syntax, and sociolinguistic appropriateness. The student must first demonstrate some control over the pattern before using it in an open-ended, communicative task. Thus, in order to balance the need for both accuracy and fluency, the *ayo berlatih* section precedes the *ayo berkomunikasi* section. In both of these sections, students work in pairs or in small groups (often 3–5 people) performing the activities. The teacher can determine the number in the small groups depending on class size.

Ayo Berkomunikasi: This section offers a set of **more open-ended communicative** tasks to develop **fluency** in using the language functions. As the students gain control over the language patterns, they are given more challenging tasks that require them to create meaningful language exchanges. Often the activities in this section involve an information gap where the students are forced to exchange information and create answers. Other questions are open-ended; thus, the students are forced to create appropriate answers. The teacher should encourage the students to produce as much language as they can; the answer's length and content will vary, reflecting the personal backgrounds of the students. The *ayo berkomunikasi* section allows the students to develop fluency while using the language to communicate personal messages where the primary focus is on the meaning and not on the form of the language exchange. Of course, there will be mistakes, but students need time to practice expressing their own thoughts in order to effectively learn the language. There will be other lessons in the curriculum that focus on grammatical accuracy.

Kosakata: The vocabulary list in each lesson includes important terms that appear in the dialogue and the exercises but have not appeared previously in the text. Vocabulary items that have already appeared in prior lessons will not be included in the *kosakata* but will be accessible in the glossary. Items found in the directions for exercises or in the teacher instructional boxes are not included in the *kosakata*. In the first six units the vocabulary items are listed as they appear in the dialogue or the exercises (i.e., in the derivative form). For example, if the word *membantu* is used, it will appear as *membantu* in the vocabulary list rather than merely in the root form of the word, *bantu*. In the glossary, root words are listed followed by the derivative forms that have been used in the text and their definitions. In addition, translations of the vocabulary items given in the lessons are those that are context appropriate to the lesson. For example, in lesson 1.2 *apa* is used as a yes/no question marker; thus, the definition is given as such. The translation of *apa* as "what" is not given here but only later in the lesson where that meaning is taught. In the glossary, all of the common meanings for a word are given.

Cultural Notes: These notes present the social, cultural, and/or political context of the meanings of words or phrases so that the student can acquire a deeper understanding of how the language is used in a particular context. An understanding of the cultural context broadens the student's understanding and aids in his or her overall language learning.

The Variety of Indonesian Used in the Textbook

The variety of Indonesian language used in this text is a relaxed variety of standard Indonesian that is often used by the educated middle class when speaking with strangers. The local, ethnic languages around the country affect how Indonesian is spoken around the country. Since this text cannot teach the numerous local varieties of Indonesian, nor do the authors wish to teach a formal, bookish Indonesian, we have selected this relaxed variety of Indonesian that does not characterize any one locale, but rather is found throughout the country in contexts where strangers or people from different language areas converse. While most of the dialogues use an informal register, some are set in more formal contexts, demanding a more formal register. Thus, register variation, which is an important aspect of Indonesian, is taught in a number of the later lessons. Although authentic dialogues would ideally be used in an oral proficiency textbook, because of the necessity for controlling for language functions, syntax, and vocabulary, we offer semi-authentic, scripted dialogues composed by native speakers. One final note: popular, colloquial varieties of Indonesian such as *bahasa gaul* are not taught in this text. The authors believe that an introduction to *bahasa gaul* would make a wonderful addition to a curriculum for advanced speakers, but at the introductory level it is important to build a foundation based on an informal variety of standard Indonesian.

Tips for Teachers and Students

The suggestions below represent a combination of general principles from the authors and tips from teachers and students who have used these materials. We hope that these suggestions are valuable to users of the book, whether they are teachers or students.

The classroom language for *Let's Speak Indonesian* is Indonesian, and English in class is to be avoided or kept to a bare minimum. Indonesian language usage provides students with a maximum amount of target language exposure, which aids language acquisition because it forces students to develop language-learning strategies. For example, students learn how to deal with ambiguity and how to make educated guesses using contextual clues; these learning strategies allow the students to become independent learners. Students learn how to be creative, resourceful, and critical in learning on their own and searching for meaning in the contexts, rather than being totally dependent on a teacher or a dictionary.

While maximizing the use of Indonesian in the classroom, the teacher must tailor his or her speech to the students' vocabulary level. The teacher must carefully plan the lesson, selecting appropriate words and sentence structures to contextualize the lesson based on students' prior knowledge. In addition, the resourceful teacher uses pictures, props, gestures, facial expressions, and acting to aid comprehension.

1. Overview

This segment of the lesson orients students, telling them what the lesson is about, giving them a road map. With this information, they know where they are going and what they can expect to learn from the lesson. At the beginning of the lesson, the teacher directs student attention to the list of language functions provided at the beginning of each lesson. The language functions are written in English; however, the teacher can verbally state the Indonesian expressions to familiarize the students with the pronunciation of those expressions. Alternatively, students can be asked to read the language functions and listen to the audio recording of the dialogue before coming to class. The students also should have read the introductory paragraph found at the beginning of each unit and the cultural notes at the end of each lesson.

2. Presentation

In this preparatory stage, the teacher helps students comprehend the new language items before requiring them to produce them. The teacher pre-teaches the meaning of key vocabulary items and expressions in the lesson with the aid of pictures, props, gestures, enactments, and facial expressions rather than by giving the English translation. This manner of introducing new language expressions will help students develop strategies for guessing that will help them become independent learners. The presentation may be followed by chorus drills or repetition so that the students become accustomed to the pronunciation of the expressions.

After presenting the key terms and expressions, the teacher acts out the dialogue using clear intonation, gestures, pictures, etc., in order to emphasize the meaning. The objective, at this point, is student comprehension. (The teacher should not hesitate to move around the room and exaggerate his or her gestures.) The comprehension questions are then discussed with the whole class. Finally, the teacher calls on students to perform the dialogue in pairs, while the teacher moves around to check on pronunciation and comprehension.

In the later chapters, the dialogues increasingly contain longer and more complex sentences. The longer dialogues are not meant to be memorized; rather, they serve as rich input, pushing students to higher proficiency levels. Teachers, at their discretion, may decide which vocabulary items are important and should be rehearsed for production and memorized, and which vocabulary items are for comprehension only.

3. Drills

The section *ayo berlatih* offers the students an opportunity to use the language presented in the dialogue. After the students comprehend the dialogue, they are asked to produce the language. At this stage of production, students are provided guided, focused exercises, allowing them to practice producing one new language function at a time in a specific context. It is important for the teacher to give clear instructions for each task; he or she may provide examples or perform a demonstration exercise beforehand if necessary. While students perform the tasks, the teacher moves around the classroom to provide help as needed. These controlled exercises precede the more open-ended tasks given in the next section, *ayo berkomunikasi*.

4. Interactive practice

The *ayo berkomunikasi* section asks students to use the new language functions and the new vocabulary in authentic situations. The teacher may direct student attention to the list of functions as a reminder. This section offers open-ended tasks including information-gap activities where students will interact with each other in real, lifelike situations. To facilitate the negotiation of meaning, it is recommended that the students be given separate instruction sheets, containing the pertinent information that they need to communicate to their partner/s. It is important that the teacher tell students not to look at their partner's instruction sheet, so that the information to be communicated remains fresh or new to their partner/s.

Although the language of instruction is Indonesian beginning with unit five, there is no change in how the teacher orally gives instructions to the class (i.e., the teacher concisely explains the task in Indonesian accompanied by gestures and/or a demonstration). Beginning with unit five, the students will need to read the instructions in Indonesian; however, they should not worry about understanding every word. Based on previously learned material, the students will have sufficient understanding of the written text to carry out the activities. New words are often included in a lesson for vocabulary expansion purposes; immediate and total comprehension is not expected at this point. From the beginning of the learning process, the students are trained to develop skills such as guessing new words from context and tolerating ambiguity while processing the meaning. It is also important to help students avoid developing the habit of translating everything word for word; instead, the teacher is there to help students understand the vital role of context (e.g., the word *jadi* has several meanings depending on the context). While students are doing the tasks in pairs or groups, the teacher moves around the classroom helping students understand new words by pointing out or highlighting clues in the context and/or providing contextual examples accompanied by gestures, pictures, etc. The glossary is the last resort; there students can look up the English translation to confirm their guesses. Furthermore, the teacher, at his or her own discretion, may supply a few new Indonesian words that students may need to do a task. Giving too many new words will overwhelm students, preventing retention to take place. Therefore, it is recommended that the teacher guide students to use the words already presented in the current or previous lessons so as to reinforce retention and internalization of vocabulary through repetitive usage.

Typically, after students complete the exercises in pairs or small groups, the teacher will ask a few students to report or perform their work in front of their peers. (If the class is big, it will not be feasible to ask every student to perform.) This stage is referred to as a "check" period, whereby the teacher takes note of challenging areas or patterned errors. After the students have finished performing/giving their reports, the teacher may address the problem areas with the whole class. As a follow-up, the teacher may wish to create relevant additional exercises and/or assign another homework activity to allow for further reinforcement.

Note

It may be more effective if steps 1 and 2 (the introductory stages that aid comprehension) are conducted in the class the day before. Following these two steps, the students listen to the audio recording and practice pronouncing/reciting the dialogue at home. (Some instructors prefer to have students memorize the dialogue.) In this way, by the time students begin steps 3 and 4 (the production stages) the following day, they are more prepared and confident in performing the exercises.

Procedural tips for teachers

- Read the lesson at least a week before teaching it so that you have time to prepare the props you will need and can plan how to present the lesson in easily understood language.

- Use the target language from the first day so that the students become accustomed to it. Don't worry that the students not understand every word you say; they are learning valuable lessons about language-learning strategies. The students quickly adapt as soon as they understand that the book is designed for the communicative approach and that the teacher does not expect them to understand every word.

- Put yourself in your students' shoes; choose your classroom language wisely. Use the same words over and over again so that the students learn those words and expressions.

- Don't hesitate to be a "clown" in class when you want to explain something. Always try to use the target language to explain things. You might find this difficult at first, but once you get used to it, students will accept this and realize that they benefit from this practice. This will free you from using English in class.

- Use the same basic language expressions over and over again such as hello, good-bye, and how are you? This repetition will help the students learn these expressions, and the students will enjoy being able to communicate with you.

- Be sure that you prepare the teaching aids well for the activities you are doing in class. Students love it when the teacher comes to the class with new teaching aids because they know they will be doing new and interesting activities. For example, if you are teaching kinship terms, you can make a transparency from the family tree in the book and then illustrate the kin terms using your own family or the family of some famous person. Bring in photos to add further interest. You might have your students bring in photos of their families. Just be creative!

- The teacher's role in the introductory phase of a new topic is crucial. Begin each new unit by giving general background knowledge about the topic of the unit. For example, if the topic is "Going to the doctor," start the class by talking about health care conditions in Indonesia (e.g., what class of people go to doctors, how expensive health care is, whether there are public clinics, what other choices people have when seeking health care). This introduction brings up key vocabulary items as well as the cultural context; this background knowledge improves the student's ability to comprehend the dialogue.

Bab 1
Di Rumah Kos

In this chapter you will be introduced to Teguh, a new college student studying at the Institut Pertanian Bogor (Agricultural Institute of Bogor), a university in Bogor, West Java. He has just moved to Bogor from Jakarta and now lives in a boardinghouse owned by his aunt Bu Lani. A caring and friendly hostess, Bu Lani enjoys getting to know her tenants and their friends, including Teguh's classmate Dian. One day while visiting Teguh, Dian learns about the shops in Bu Lani's neighborhood.

What is the atmosphere at Teguh's boarding house? How does your current housing situation compare with Teguh's?

Pelajaran 1.1: Berkenalan

Berkenalan dengan teman baru

In this lesson you will learn:

- How to greet people at various times of the day. — *Selamat pagi/Selamat siang/ Selamat sore/Selamat malam*

- How to use terms of address. — *Ibu, Bapak*

- How to ask what someone's name is. — **A:** *Siapa namanya?* **B:** *Nama saya…*

- How to ask where someone is from (that is, her/his place of origin). — **A:** *Anda dari mana?* **B:** *Saya dari…*

- How to make an offer. — **A:** *Ayo, makan./Silakan makan.* **B:** *Terima kasih.*

- How to ask what something is. — **A:** *Ini apa?* **B:** *Itu pisang goreng.*

Dialog A

Di kelas
Teguh mahasiswa baru. Teguh dan Dian berkenalan.

Teguh: Ehm, selamat pagi. Siapa namanya?
Dian: Nama saya Dian.
Teguh: Nama saya Teguh. Dian dari mana?
Dian: Saya dari Bandung. Teguh dari mana?
Teguh: Saya dari Medan.
Dian: O, begitu.

Di perpustakaan
Teguh: Dian, itu siapa?
Dian: Itu dosen bahasa Indonesia.
Teguh: Siapa namanya?
Dian: Pak Agus.

Oral – Whole class activity

Comprehension: Answer the following questions.

1. Dian dari mana?

2. Teguh dari mana?

3. Siapa nama dosen bahasa Indonesia itu?

Persiapan

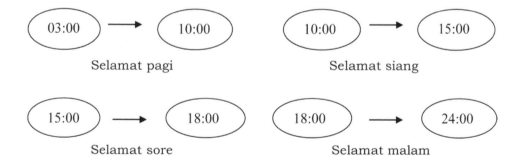

Ayo Berlatih!

Oral – Group work

Exercise 1: Look at the following times and then greet your classmate using the appropriate greeting: *Selamat pagi, Selamat siang, Selamat sore,* or *Selamat malam.*

> **Example:** 11:45
> Mahasiswa A: Selamat siang.
> Mahasiswa B: Selamat siang.

1. 07:00   **3.** 12:00   **5.** 15:00   **7.** 10:45

2. 16:00   **4.** 20:00   **6.** 19:30   **8.** 13:15

Oral – Pair work

Exercise 2: Choose the appropriate responses, matching the left-hand with the right-hand column.

1. Selamat pagi.   **a.** Itu guru bahasa Indonesia.

2. Siapa namanya?   **b.** Saya dari Australia.

3. Anda dari mana?   **c.** O, begitu.

4. Itu siapa?   **d.** Nama saya Megan.

5. Saya dari Jepang.   **e.** Selamat pagi.

Ayo Berkomunikasi!

Oral – Group work

Exercise 3: Interview all your classmates.

Mahasiswa A: Mahasiswa B:
Selamat _____.   Selamat _____.
Siapa namanya?   Nama saya _____.
Anda dari mana?   Saya dari _____.

Dialog B

Di rumah kos: Adi datang ke rumah kos Teguh. Rumah itu milik tante Teguh, Bu Lani.

Adi: Selamat sore, Bu.
Bu Lani: Selamat sore, silakan masuk.
Teguh: Tante, ini Adi, teman saya.
Bu Lani: O, Adi…silakan duduk.
Adi: Terima kasih, Bu.
Bu Lani: Adi dari mana?
Adi: Saya dari Bandung, Bu.
Bu Lani: O, begitu.

Bu Lani mengambil makanan kecil dan minuman.

Bu Lani: Ini teh manis. Silakan minum.
Adi: Terima kasih. Ini apa, Bu?
Bu Lani: Itu pisang goreng. Ayo makan.
Adi: Terima kasih, Bu.
Bu Lani: Kembali.

Comprehension: Answer the following questions.

1. Siapa nama teman Teguh?

2. Adi dari mana?

3. Adi makan apa?

4. Adi minum apa?

Ayo Berlatih!

Oral – Pair work

Exercise 4 – Role-play: Look at the illustrations and then make an offer using the word *silakan* or *ayo*.

Example:

Mahasiswa A: Silakan masuk. / Ayo masuk.
Mahasiswa B: Terima kasih.

1.

2.

3.

Oral – Pair work

Exercise 5 – Role-play: Look at the appendices (A.1 and B.1) and follow the instructions while using the expressions *Ini apa?* and *Itu…*

Student A:
You are Jennifer. Look at Appendix A.1. (Don't look at Appendix B.1.)

Student B:
You are Bu Lani. Look at Appendix B.1. (Don't look at Appendix A.1.)

Ayo Berkomunikasi!

Oral – Group work

Exercise 6 – Role-play: Make a dialogue based on the following illustrations.

Kosakata

Anda	*you*
apa	*what*
ayo/silakan	*please, go ahead, a polite offer marker*
bapak/pak	*1. term of respect for a man; 2. father*
baru	*new*
begitu	*oh, is that so; I see; I understand*
berkenalan	*to meet, get acquainted (with)*
dari mana	*from where*
datang	*to come*
dosen	*university teacher*
duduk	*to sit down*
guru	*teacher*
ibu/bu	*1. mother, 2. term of respect for a woman, married women, and women in respected positions*
ini	*this*
itu	*that*
kelas	*class*
kembali	*to return, go/come back*
kopi	*coffee*
mahasiswa	*college or university student*
makan	*to eat, have a meal*
makanan kecil	*snacks*
masuk	*to enter*
mengambil	*to get, fetch*
milik	*property of*
minum	*to drink*
nama	*name*
pisang goreng	*fried banana*
rumah	*house, dwelling, residence*
rumah kos	*boardinghouse*
saya	*I, me, my (first person singular)*
selamat pagi	*good morning*
selamat siang	*good afternoon (10:00–15:00)*
selamat sore	*good afternoon (15:00–18:00)*
selamat malam	*good night*
silakan	*please (a polite offer)*
siapa	*who*
teh	*tea*
teman	*friend*
terima kasih	*thank you*

Cultural Notes

Visiting etiquette

If you would like to visit a friend, you may let the person know of your intention by either telephoning or sending a short message (SMS). Contacting people via SMS is easy and efficient since most Indonesians with a hand phone have the message service. Unannounced visits to friends or family are also acceptable and very common. Before entering a house, people remove their shoes to keep the house clean. A guest is usually served a drink and possibly a snack; if refreshments are offered, it is polite to accept. You should not begin to eat or drink when the refreshments are placed on the table but should wait until the host invites you to partake by saying, "Please drink (or eat)." The invitation to eat and/or drink is sometimes repeated a few times before the guest actually begins. It is polite for the host and guest to begin to drink at the same time. Therefore, if you are not sure when it is appropriate to begin, you can follow your host's lead.

Times of the day

Indonesians mark the times of the day according to the heat of the sun and thus the segmentation is different from the segmentation used in English: morning, afternoon, evening, and night. *Pagi* begins just before dawn when people wake up and ends when the heat of the sun is felt around 10 am. *Siang* marks the heat of the day from approximately 10 am until 3 pm. *Sore* is late afternoon from about 3 pm until 6:30, when the sun sets. Since Indonesia lies on the equator, the sun sets at the same time year round. *Malam* begins at dark (6:30 pm) and ends with the coming of dawn.

Making an offer using *silakan* and *ayo*

Silakan and *ayo* are used to make an offer or to invite someone to do something. The word *silakan* is used in rather formal contexts such as when making an offer to a stranger or to someone of higher status. *Ayo* is used in more informal contexts such as when offering something to a friend, colleague, or someone of lower status.

The use of the interlocutor's name rather than a pronoun

In the dialogue both Dian and Teguh use the other's name rather than a pronoun when speaking to each other. See the following segment of the conversation.

Teguh: *Nama saya Teguh. Dian dari mana?*
Dian: *Saya dari Bandung. Teguh dari mana?*

Speakers may avoid using a pronoun meaning "you" (second person reference) in order to avoid choosing the appropriate pronoun, which involves deciding on the social status relationship between the speakers.

Appendix A.1

Jennifer asks about the names of different foods and drinks.

Appendix B.1

Bu Lani anwers Jennifer's questions using the following information.

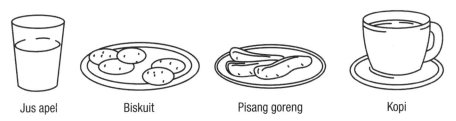

| Jus apel | Biskuit | Pisang goreng | Kopi |

Pelajaran 1.2: Bercakap-cakap

Bercakap-cakap di taman

In this lesson you will learn:

■ How to politely ask a question.

A: *Dian,* **boleh saya bertanya?**
B: **Tentu saja,** *Bu.*

■ How to ask where someone lives.

Dian **tinggal di mana?**

■ How to ask if something is located nearby.

Bu, **apa ada** *supermarket* **di dekat sini?**

■ How to ask where something is.

Guh, **di mana** *kantor posnya?*

■ How to ask for a description of something.

A: **Bagaimana** *kantor posnya?*
B: *Kantor posnya* **kecil.**

Dialog A

Dian datang ke rumah kos Teguh. Di sana dia bercakap-cakap dengan Bu Lani.

Bu Lani: Dian, boleh saya bertanya?
Dian: Tentu saja, Bu.
Bu Lani: Dian tinggal di mana?
Dian: Saya tinggal di Jalan Pahlawan.
Bu Lani: O, dekat supermarket Hero, ya?
Dian: Ya, betul. Bu, apa ada supermarket Hero di dekat sini?
Bu Lani: Tidak ada.
Dian: Apa ada pasar di dekat sini?
Bu Lani: Ya, ada.

Oral – Whole class activity

Comprehension: Answer the following questions.

1. Dian tinggal di mana?

2. Apa ada supermarket di dekat rumah Bu Lani?

3. Apa ada pasar di dekat rumah Bu Lani?

Pasar

Persiapan

Nama-nama Tempat

Petunjuk guru:

Perkenalkan nama-nama tempat ke mahasiswa dengan memakai gambar atau contoh dari konteks setempat.

apartemen	restoran
asrama	rumah
bank	rumah kos
bioskop	supermarket
kampus	terminal bus
kantor pos	toko buku
perpustakaan	warung kopi

Ayo Berlatih!

Oral – Group work

Exercise 1: Ask your classmate his/her address. Use the expressions *Boleh saya bertanya?* and *Anda tinggal di mana?*

Example:

Mahasiswa A: Boleh saya bertanya?
Mahasiswa B: Tentu saja.
Mahasiswa A: Anda tinggal di mana?
Mahasiswa B: Saya tinggal di Jalan Universitas.

Nama teman Alamat

Tini	Jalan Universitas

Oral – Pair work

Exercise 2: Using the following illustration make a dialogue using the expression *Apa ada... di Jalan...?*

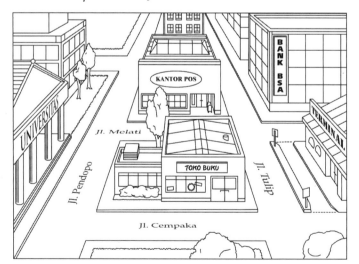

Example:

Mahasiswa A: Apa ada kantor pos di Jalan Cempaka?
Mahasiswa B: Tidak ada.
Mahasiswa A: Apa ada terminal di Jalan Tulip?
Mahasiswa B: Ya, ada.

Ayo Berkomunikasi!

Exercise 3: Interview your classmate.

> ### *Example:*
> Mahasiswa A: Apa ada supermarket di dekat apartemen Anda?
> Mahasiswa B: Ya, ada.
> Mahasiswa A: Apa ada toko buku di dekat apartemen Anda?
> Mahasiswa B: Tidak ada.

 ## Dialog B

Dian kemudian bercakap-cakap dengan Teguh di rumah kos Teguh. Dian bertanya apa ada kantor pos di dekat situ.

Dian: Guh, di mana kantor posnya?
Teguh: O, kantor pos ada di dekat bank, di Jalan Melati.
Dian: Bagaimana kantor posnya?
Teguh: Kantor posnya kecil.
Dian: Apa ada mal di dekat sini?
Teguh: Ada.
Dian: Bagaimana malnya?
Teguh: Malnya besar dan bersih.

Comprehension: Answer the following questions.

1. Kantor pos ada di mana?

2. Apa ada mal di dekat rumah kos Teguh?

3. Bagaimana malnya?

Persiapan

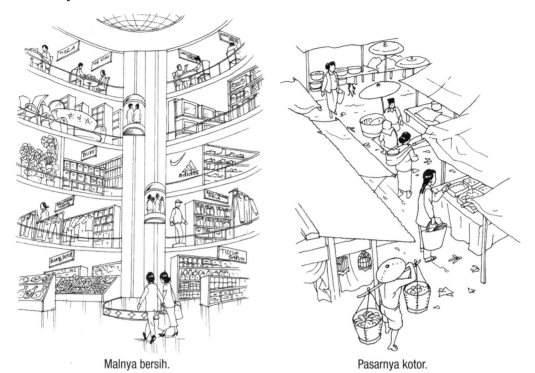

Malnya bersih.   Pasarnya kotor.

Antonim

dekat	jauh
bersih	kotor
besar	kecil
bagus	kurang bagus

Ayo Berlatih!

Oral – Pair work

Exercise 4: Based on the following illustration, make a dialogue using the expressions *Di mana…?* and *Bagaimana…?*

Example:

Mahasiswa A:	Di mana kantor posnya?
Mahasiswa B:	Kantor pos ada di dekat Bank BSA, di Jalan Melati.
Mahasiswa A:	Bagaimana kantor posnya?
Mahasiswa B:	Kantor posnya besar.

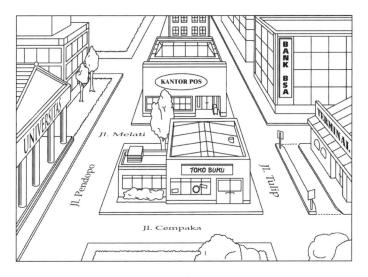

Ayo Berkomunikasi!

Oral – Whole class activity

Exercise 5 – Game: Your classmate lives near what?

Instructions:

1. Take a piece of paper.

2. Write down three places near your house or apartment (e.g., bookstore, post office, restaurant).

3. Write a description of that place (e.g., *besar, bersih*).

4. Give the paper to your teacher. The teacher will then randomly distribute these papers to the class members.

5. The students will then ask their classmates questions, looking for the author of the piece of paper each has received.

Kosakata

ada	*there is, there are*
apa	*question marker for a yes or no question (in sentence initial position)*
asrama	*dormitory*
bagaimana	*how*
bagus	*good, fine, beautiful, excellent*
bercakap-cakap	*to chat*
bersih	*clean*
bertanya	*to ask*
besar	*big*
betul	*correct, right, accurate*
bioskop	*movie theater*
boleh	*may, can (auxiliary verb)*
bus	*bus (frequently,* bus *is pronounced as* bis, *following the old spelling of this word)*
dan	*and*
dekat	*close, near*
dengan	*with*
di mana	*where*
gambar	*picture, illustration*
jalan	*street*
kantor pos	*post office*
kecil	*small*
kotor	*dirty*
kurang	*less, not enough, insufficient*
pasar	*market, marketplace*
perpustakaan	*library*
sini	*here*
stasiun kereta api	*railway station*
tentu saja	*certainly*
tidak	*no, not*
tinggal	*to live*
toko buku	*bookstore*
warung kopi	*coffee shop*

Cultural Notes

Staying at a boardinghouse

The majority of Indonesian university students who leave their hometowns to study choose to live in a boardinghouse (*rumah kos*) because this is the most economical housing option when living away from home. Families whose children are grown will frequently rent out rooms to students to increase the family income. Living in a *rumah kos* means that one rents a single room in a large complex or in a private home. Some *rumah kos* are well furnished with luxurious facilities such as a private bathroom, hot water, and air conditioning, but most are quite basic, offering a shared bathroom and a small room with a bed, table, and chair. In most but not all situations, boarders have kitchen privileges. Renting an apartment is significantly more expensive than renting a room in a boardinghouse because apartments are generally located in new buildings and have numerous facilities such as a swimming pool, gym, security guard, parking lot, air-conditioning, and hot water.

Warung

A *warung* is a simple stall that sells either inexpensive local dishes or dry goods such as coffee, sugar, rice, noodles, cigarettes, and matches. If the *warung* sells prepared food, there is generally an eating area with wooden benches and a table covered by an awning.

The use of the phrase *kurang bagus*

In this lesson after dialogue B, the antonym of the word *bagus* (good) is given as *kurang bagus* (less than good). The actual antonym of *bagus* is the word *jelek* (bad) or *tidak bagus* (not good), but culturally people avoid making direct derogatory comments that might insult or alienate their conversational partners. To soften a negative comment, it is common to say that something is *kurang bagus*, meaning less than good, rather than saying directly that the item is bad or not good.

Pelajaran 1.3: Pamit

Teman pamit pulang.

In this lesson you will learn:

■ How to ask permission to leave.

A: *Guh, saya permisi dulu.*
B: *Tunggu dulu. Mengapa cepat-cepat?*

■ How to politely excuse oneself.

Maaf, saya harus pulang sekarang. Saya harus membuat PR.

■ How to say good-bye.

Sampai nanti./Mari./Sampai besok.

Oral – Pair work

Exercise 2: Based on the following illustrations, make a dialogue using the expression *Saya permisi dulu.*

Example:

Dian: Guh, saya permisi dulu.

Teguh: Tunggu dulu. Mengapa cepat-cepat?

Dian: Maaf, saya harus pulang sekarang. Saya harus membuat PR.

Ayo Berkomunikasi!

Oral – Pair work

Exercise 3 – Role-play: Participate in the conversation based on the instructions in the appendix.

Situation: You are at a birthday party and now it is 9:30 pm.

Student A: Look at Appendix A.2.
Student B: Look at Appendix B.2.

Kosakata

bekerja	*to work*
belajar	*to study*
bertemu	*to meet, encounter, run into*
besok	*tomorrow*
cepat-cepat	*in a hurry, quickly*
dia	*she/he*
harus	*must, have to*
karena	*because*
ke	*to, toward, in the direction of*
maaf	*excuse me, I'm sorry*
mari	*good-bye (politeness marker used in leave-taking or to formally end a conversation)*
mau	*want, will*
membuat	*to do, make*
mengapa	*why*
nanti	*later*
pamit	*to ask permission to leave of the owner of the house*
pekerjaan rumah (PR)	*homework*
pergi	*to go*
permisi dulu	*to ask permission to leave, say good-bye*
pesta	*party*
pulang	*to go home*
sampai	*until*
sekarang	*now*
sudah	*already (auxiliary verb indicating that the action of the verb is complete)*
tunggu dulu	*wait a minute*
ulang tahun	*birthday*

Cultural Notes

Leave-taking etiquette

When a guest is ready to leave, politeness requires that he/she first ask the host for permission to leave and then request permission from his/her parents or the oldest member of the family who is present. If the parents are busy, the guest may ask the host to relay his/her request to the parents. The leave-taking ritual demands that the host complain that it is too early for the guest to leave; the guest then must give an acceptable reason for leaving. By stating his/her reason for departing, the guest implies that he/she has enjoyed the visit and would love to stay longer but other pressing obligations demand his/her attention. With this explanation, the host is then able to "allow" (give the permission requested) the guest to depart. The reason for departing given by the guest may be true or merely an excuse; in either case, it is important to give a reason for departing in order to maintain a cordial relationship with the host. Upon departing, one may shake hands or merely put one's hands together, raise them to the forehead, and bow slightly. The host will do the same in return.

Saying good-bye

Mari is commonly used on Java to say good-bye in a formal context; other expressions such as *sampai nanti* and *sampai besok* may also be used when parting. Although these phrases literally mean "until later" and "until tomorrow," both expressions also carry the meaning of good-bye with no definite time for another meeting. All of these expressions indicate a level of formality; thus, they are often used either in a formal context or when speaking with someone of higher social status. When friends part, they may say *yuk,* which is the shortened form of *ayo* (let's go, okay). Another popular expression for good-bye is the Dutch word *daag* (pronounced as daah); it is used throughout the country, especially in large cities. Lately *daag* has been popularized by its use on television.

Appendix A.2

Student A: You are hosting a birthday party for yourself at your house. You don't want your guests to leave.

Appendix B.2

Student B: You are at your friend's birthday party and you want to go home. Create some reason why you must depart. Begin the conversation with the host.

Bab 2
Keluarga dan Teman-Teman

As Dian and Teguh get to know each other, they learn about each other's family backgrounds. At first Dian finds out about who will be coming to visit Teguh in Bogor; and then Dian and Teguh socialize with classmates in the campus cafeteria and chat about their classes. Teguh wonders whether Dian can speak the language of her grandmother, who is of European ancestry. Later, when Teguh is at home, he talks with Bu Lani about the new neighbors, Amanda and Sean. Notice how these neighbors are described.

Would you describe your family and friends in the same manner? How do you describe people?

Pelajaran 2.1: Keluarga

Keluarga Mas Samsul

In this lesson you will learn:

- How to describe family relations.

  *Dahlia **adik perempuan saya**.*
  *Mas Harun **kakak laki-laki saya**.*

- How to negate a nominal.

  *Dahlia **bukan pacar** Mas Harun.*

- How to ask where someone is.

  Apa** Dian **ada di kantin?
  *Dian **di mana, ya?***

Dialog

Teguh dan Dian bercakap-cakap di kantin kampus.

Dian: Guh, bagaimana kabar keluarga di Jakarta?

Teguh: O, baik. Adik perempuan saya akan datang ke Bogor besok.

Dian: Siapa nama adik Teguh?

Teguh: Namanya Dahlia.

Dian: O, dengan siapa dia akan datang ke Bogor?

Teguh: Dia akan datang dengan Mas Harun dan Mbak Ria.

Dian: Siapa itu Mas Harun?

Teguh: Dia kakak laki-laki saya.

Dian: Apa Mbak Ria itu pacar Mas Harun?

Teguh: Bukan, Mbak Ria bukan pacar Mas Harun. Dia istrinya. Eh, Dian, lihat Intan, tidak? Apa Intan ada di kantin?

Dian: Ya, itu dia di sana.

Teguh: Apa Adi ada di kantin juga?

Dian: Tidak, dia tidak ada di sini.

Teguh: Wah, Adi di mana ya?

Dian: Saya melihat dia di perpustakaan pagi ini.

Oral – Whole class activity

Comprehension: Answer the following questions.

1. Siapa Dahlia?

2. Siapa Mas Harun?

3. Apa Mbak Ria pacar Mas Harun?

4. Apa Adi ada di kantin?

Persiapan

Keluarga Teguh

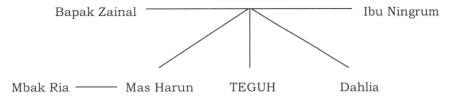

Ayo Berlatih!

Oral – Pair work

Exercise 1: Look at your appendix. (Don't look at the illustrations on your classmate's appendix.) Fill in the names of Teguh's family members by asking your partner some questions.

Student A: Look at Appendix A.3.
Student B: Look at Appendix B.3.

Oral – Group work

Exercise 2: Complete the following table by asking your classmates questions. Use the expression *Apa…itu…Teguh?*

Example:
Mahasiswa A: Apa Mbak Ria itu pacar Teguh?
Mahasiswa B: Bukan, Mbak Ria bukan pacar Teguh. Dia istri Harun.

Nama	*Apa (nama) itu… Teguh?*	*Ya/Bukan*	*Kalau bukan, siapa dia?*
Ria	Pacar	*Bukan*	*Istri Harun*
Lani	Tante	*Ya*	_____
Dulah	Paman		
Harun	Kakak laki-laki		
Siti	Bibi		
Karim	Kakek		

Oral – Pair work

Exercise 3: Look at your appendix and make a dialogue using the expressions *Apa…ada di…?* and *…di mana?*

Student A: Look at Appendix A.4.
Student B: Look at Appendix B.4.

Ayo Berkomunikasi!

Oral – Pair work

Exercise 4 – Role-play

Who is he/she?

Instructions:

1. Take a piece of paper.

2. Write down ten names of family members.

3. Give the piece of paper to a classmate.

4. Student A tries to identify the relationship of student B to the people named by him.

5. Then student B does the same for the people named by student A.

Example: Alice
Mahasiswa A: Apa Alice itu ibu Anda?
Mahasiswa B: Bukan, Alice bukan ibu saya. Dia adik saya.

Oral – Group work

Exercise 5 – Memory game

Where is X?

Petunjuk guru:

1. Bagilah mahasiswa dalam kelompok 6–8 orang. Minta tiap mahasiswa menulis satu kalimat di kertas, contoh: Adi ada di perpustakaan. Bacakan. Mahasiswa yang lain harus ingat kalimat itu.
2. Lalu, kumpulkan kertas-kertas itu dan bagikan kembali secara acak.
3. Mahasiswa yang mendapat kertas, misalnya tentang Adi, akan bertanya kepada teman-temannya, Di mana Adi?
4. Yang ingat akan menjawab, Adi ada di perpustakaan.

Kosakata

adik perempuan	*younger sister*
akan	*about to, going to, will (auxiliary verb indicating future)*
baik	*good*
bukan	*not (negates nouns)*
di sana	*over there*
istri	*wife*
juga	*also, as well*
kabar	*news*
kakak laki-laki	*older brother*
kakek	*grandfather*
kantin	*cafeteria*
keluarga	*family*
mas	*term of address for older brother (in Javanese); also used as a respectful term of address for a man*
mbak	*term of address for older sister (in Javanese); also used as a respectful term of address for a young woman*
melihat	*to look (at), see*
nenek	*grandmother*
pacar	*girlfriend/boyfriend*
paman/ om	*uncle*
tugas kelompok	*group project*

Cultural Notes

The use of kin terms

In Indonesia kin terms are used to address and refer to family members. In this lesson, Dian and Teguh talk about older and younger siblings using the kin terms *adik* and *kakak* (younger and older sibling respectively) and *mbak* and *mas* (older sister and older brother respectively). *Mbak* and *mas* are Javanese terms and are thus primarily used in Java, but with the wealth of ethnic languages in Indonesia, one will find that kin term usage varies across the country. These kin terms are important because they indicate the person's status in the family hierarchy. Although in this lesson *adik* and *kakak* are modified by gender terms (e.g., *adik perempuan*), this explicitness with respect to gender is rare in colloquial Indonesian. Most commonly *adik* and *kakak* are not modified by the terms *perempuan* or *laki-laki*.

Kin terms may also be used for fictive kin; thus, *mas* may be used when speaking with shopkeepers, businessmen, or skilled workers. Other commonly used kin terms that are used throughout the country for kin and fictive kin are the terms *ibu* and *bapak* (mother and father respectively) and *tante* and *om* (Dutch words for uncle and aunt respectively). Less widely used in the fictive context are the Indonesian terms *bibi* and *paman*, which are the address terms for the younger sister of one's mother or father and the younger brother of one's mother or father respectively.

Appendix A.3

Example:

Mahasiswa B: Siapa nama kakek Teguh?

Mahasiswa A: Namanya Dulah.

Student A

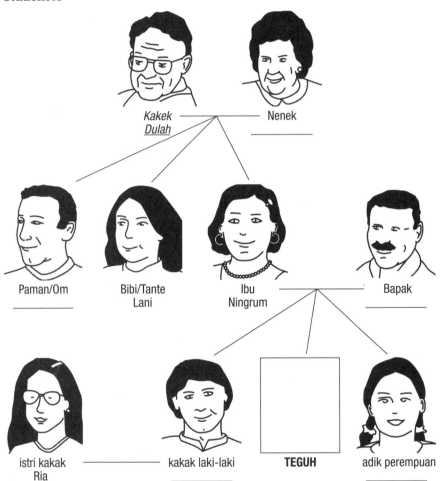

Appendix B.3

Example:

Mahasiswa A: Siapa nama adik Teguh?
Mahasiswa B: Namanya Dahlia.

Student B

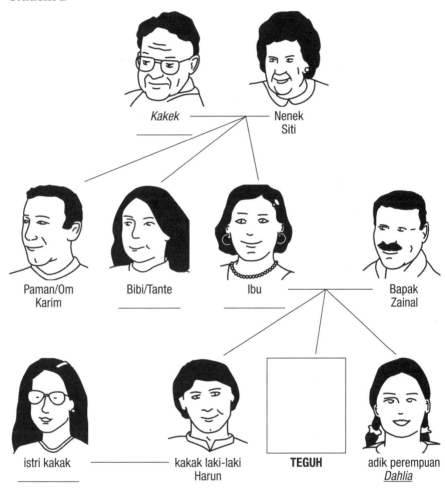

Appendix A.4

1. **Student A:** Fill in the following table by asking student B some questions.

   Example:
   Mahasiswa A: Apa Adi ada di kantin?
   Mahasiswa B: Tidak, dia tidak ada di kantin.
   Mahasiswa A: Adi di mana, ya?
   Mahasiswa B: Dia ada di kelas.

Nama	*Tempat*
Adi	*kelas*
Dian	
Andi	
Mita	

2. **Student A:** Answer the questions from student B by looking at the following illustrations.

Appendix B.4

1. **Student B:** Answer the questions from student A by looking at the following illustrations.

2. **Student B:** Fill in the following table by asking student A some questions.

Example:

Mahasiswa A: Apa Adi ada di kantin?
Mahasiswa B: Tidak, dia tidak ada di kantin.
Mahasiswa A: Adi di mana, ya?
Mahasiswa B: Adi ada di kelas.

Nama	*Tempat*
Wahyu	
Meli	
Lia	

Pelajaran 2.2: Teman dan Tetangga

Tetangga sedang bercakap-cakap.

In this lesson you will learn:

- How to describe an action in progress.

  *Saya **sedang** membaca novel.*

- How to ask someone if he or she knows someone else.

  *Tante **kenal** Amanda?*

- How to describe someone's physical appearance.

  ***Orangnya** cantik, tinggi dan rambutnya panjang.*

Dialog

Bu Lani mencari Adi, teman Teguh, yang tinggal di rumah kos Bu Lani.

Bu Lani: Teguh, sedang belajar?

Teguh: Tidak. Saya sedang membaca novel.

Bu Lani: Eh, apa Adi ada di kamarnya?

Teguh: Tidak. Adi sedang menonton film dengan Amanda. Tante kenal Amanda?

Bu Lani: Tidak. Siapa Amanda itu?

Teguh: Dia tetangga baru. Orangnya cantik, tinggi, dan rambutnya panjang.

Bu Lani: Teguh kenal Sean?

Teguh: Siapa Sean itu?

Bu Lani: Dia juga tetangga baru kita. Dia tinggal di depan. Dia dari Selandia Baru. Orangnya tampan dan tinggi.

Oral – Whole class activity

Comprehension: Answer the following questions.

1. Teguh sedang apa?

2. Adi sedang menonton film dengan siapa?

3. Siapa tetangga Teguh?

4. Bagaimana rambut Amanda?

5. Apa Adi teman Amanda?

Persiapan

Ciri-ciri wajah:

tampan/cakep

cantik/cakep

Ciri-ciri rambut:

panjang

pendek

botak/gundul

lurus

keriting

Ciri-ciri badan:

Kurus, gemuk, langsing

Pendek, tinggi

Ayo Berlatih!

Exercise 1: Ask your classmate what the person in the illustration is doing. Use the expression *X sedang…* when asking and answering the question.

Exercise 2: Look at the appropriate appendix. (Don't look at your partner's appendix.) One student describes the person in the illustration and the other one listens and fills in the name on his or her chart. Use the expressions *Anda kenal…?* and *Orangnya…*

Student A: Look at Appendix A.5.
Student B: Look at Appendix B.5.

Oral – Whole class activity

Exercise 3 – Game: Use the expression *Orangnya…,…,…*

Who is he/she?

Petunjuk guru:
Guru bisa membawa foto-foto orang terkenal yang mempunyai deskripsi yang berbeda-beda. Dari foto-foto tersebut, mahasiswa memilih satu foto tanpa mengutarakan pilihannya pada siapa-siapa. Lalu mahasiswa menuliskan deskripsi orang dalam foto itu di selembar kertas. Guru mengumpulkan deskripsi tersebut dan membagikannya kembali secara acak. Berdasarkan deskripsi tersebut, mahasiswa harus menebak foto siapa yang dideskripsikan.

Ayo Berkomunikasi!

Individual work

Exercise 4: Write a letter.

See the letter Teguh wrote to his brother, Harun, describing Dian. Now write a letter to your family describing one of your classmates. In addition to the adjectives you have learned you may use the following adjectives: *lucu, pendiam,* and *ramah.*

Bogor, 6 Mei 2008

Kak Harun yang baik,

Apa kabarnya? Kabar saya baik-baik saja. Saya mau bercerita tentang teman saya, Dian. Kak Harun kenal Dian? Belum, ya? Ini foto Dian. Dia teman kuliah saya. Saya senang dia karena dia orangnya baik. Dia juga tinggi dan cantik. Baiklah Kak Harun, sampai sini dulu, ya.

Salam manis,
Teguh

Individual work

Exercise 5: Describe a photograph.

Petunjuk guru:
Minta mahasiswa untuk membawa sebuah foto (misalnya foto anggota keluarganya atau foto artis) pada pertemuan berikutnya. Mahasiswa akan bercerita tentang orang-orang dalam foto itu.

Kosakata

badan	*body*
baru	*new*
belajar	*to study*
belum	*not yet*
bercerita	*to tell a story*
botak/gundul	*bald*
cakep	*good-looking, handsome, beautiful*
cantik	*pretty, beautiful*
ciri	*characteristic, feature*
depan	*in front of*
di	*at, in, on*
gemuk	*fat, plump*
kamar	*room*
kenal	*to know, recognize*
kepada	*to (a person)*
keriting	*curly*
kita	*we (including addressee)*
kuliah	*lecture (in college)*
kurus	*thin, skinny*
langsing	*slim*
lucu	*funny, amusing, humorous*
lurus	*straight*
membaca	*to read*
mencari	*to look for, seek*
menonton	*to watch*
orang	*person*
panjang	*long*
pendek	*short*
pendiam	*not outgoing, not talkative*
ramah	*friendly*
rambut	*hair*
salam manis	*best wishes, warm regards (expression used to close a letter to a friend)*
sedang	*1. an auxiliary verb that indicates an ongoing activity; 2. medium (height and size), moderate*
senang	*to like, be happy*
tampan/ganteng	*handsome*
tentang	*about, concerning*
tetangga	*neighbor*
tinggi	*tall*
wajah	*face*

Cultural Notes

Describing physical characteristics

In the early twenty-first century, Indonesians prefer to be slender, and therefore the term *gemuk*, sometimes *gendut* (plump), is used, primarily to tease good friends. The term *gemuk* may be used to describe an infant with the implication that the child looks chubby and healthy. People often describe others by describing skin color; there are numerous descriptions of the various shades of tan and brown. Dark skin is generally not desired because it is associated with laborers who are out in the hot sun. Someone with dark brown complexion may be described as *hitam manis* (literally, sweet black) to make the description more acceptable.

Appendix A.5

Student A: Give descriptions of the people named in the following table.

Example:

Mahasiswa A: Anda kenal Amanda?

Mahasiswa B: Tidak.

Mahasiswa A: Dia tetangga saya. Orangnya cantik, langsing dan tinggi. Rambutnya panjang dan lurus.

Student B will listen to student A's description of the individuals named below and then write these names in the appropriate spaces in appendix B. After student A is done giving the descriptions of the people, Student B will give descriptions to Student A.

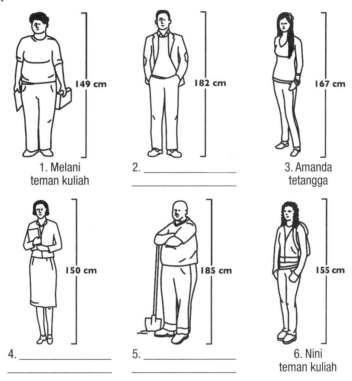

1. Melani
teman kuliah

2. _____
_____

3. Amanda
tetangga

4. _____
_____

5. _____
_____

6. Nini
teman kuliah

Appendix B.5

Student B: Give descriptions of the people named in the following table.

Example:

Mahasiswa A: Anda kenal Amanda?

Mahasiswa B: Tidak.

Mahasiswa A: Dia tetangga saya. Orangnya cantik, langsing dan tinggi.
Rambutnya panjang dan lurus.

Mahasiswa B: (Identifikasikan yang mana foto Amanda, lalu tulislah namanya).

Student A will listen to Student B's description of the individuals named below,
and then write these names in the appropriate spaces in appendix A.

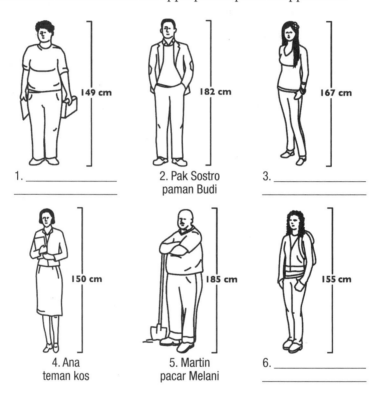

149 cm

182 cm

167 cm

1. _____
_____

2. Pak Sostro
paman Budi

3. _____
_____

150 cm

185 cm

155 cm

4. Ana
teman kos

5. Martin
pacar Melani

6. _____
_____

Pelajaran 2.3: Kuliah

Berdiskusi di kantin

In this lesson you will learn:

■ How to ask what classes someone is taking.	**A:** *Dian **ambil kelas apa** semester ini?* **B:** ***Saya ambil** kelas sastra, bahasa Inggris dan matematika.*
■ How to ask how a class is.	**A:** ***Bagaimana kelas** bahasa Inggris?* **B:** ***Mmm…lumayan.***
■ How to ask what language someone speaks.	**A:** *Dian **bisa berbahasa apa saja?*** **B:** ***Saya bisa berbahasa** Inggris dan Jepang.*
■ How to ask about language ability.	**A:** ***Bagaimana bahasa** Jepang Dian?* **B:** ***Lumayan lancar sih.***

Dialog

Teguh dan Dian bercakap-cakap di kantin kampus.

Teguh: Dian ambil kelas apa semester ini?
Dian: Saya ambil kelas sastra, bahasa Inggris, dan matematika.
Teguh: Wah, kelas matematika! Bagaimana kelas matematika?
Dian: Sulit!
Teguh: Bagaimana kelas bahasa Inggris?
Dian: Mmm…lumayan.
Teguh: Dian bisa berbahasa apa saja?
Dian: Saya bisa berbahasa Inggris dan Jepang.
Teguh: Bagaimana bahasa Jepang Dian? Lancar, ya?
Dian: Lumayan. Saya sudah belajar bahasa Jepang lima tahun.
Teguh: Dian bisa berbahasa Belanda? Nenek Dian berasal dari Belanda, kan?
Dian: Oh, tidak bisa. Nenek bisa berbahasa Belanda lancar, tapi orangtua
         saya hanya bisa berbahasa Belanda sedikit.

Oral – Whole class activity

Comprehension: Answer the following questions.

1. Dian ambil kelas apa saja?

2. Bagaimana kelas bahasa Inggris Dian?

3. Dian bisa berbahasa apa saja?

4. Apa Dian bisa berbahasa Belanda?

Ayo Berlatih!

Oral – Pair work

Exercise 1: Write the academic discipline in the blank line under the appropriate illustration.

Nama mata kuliah:

matematika	biologi
etnomusikologi	sejarah
kajian asia tenggara	sastra
bahasa inggris	linguistik
ilmu politik	antropologi

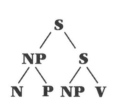

1. _____

2. _____

3. _____

4. _____

5. _____

6. _____

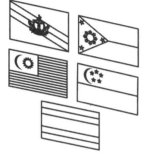

7. _____

8. _____

9. _____

10. _____

Exercise 2: Interview your classmates using the expressions ... *ambil kelas apa semester ini?* and *Saya ambil kelas..., ..., dan...*

Example:
Mahasiswa A: Dian ambil kelas apa semester ini?
Mahasiswa B: Saya ambil kelas sastra, bahasa Inggris, dan matematika.

Nama teman   *Kelas*

_____

_____

_____

_____

_____

Exercise 3: Interview your classmates using the expression
Bagaimana kelas...?

Example:
Mahasiswa A: Bagaimana kelas Bahasa Indonesia?
Mahasiswa B: Sulit.

Tingkat kesulitan	
gampang/mudah	☺
lumayan	😐
sulit	☹

Kelas   *Tingkat kesulitan*

_____

_____

_____

_____

_____

Exercise 4: Interview your classmates using the expressions *Anda bisa berbahasa...?*, *Anda bisa berbahasa apa saja?*, and *Bagaimana bahasa...Anda?*

Example:
Mahasiswa A: Anda bisa berbahasa Arab?
Mahasiswa B: Tidak, tidak bisa.
Mahasiswa : Anda bisa berbahasa apa saja?
Mahasiswa B: Saya bisa berbahasa Inggris dan
　　　　　　　 berbahasa Indonesia.
Mahasiswa A: Bagaimana bahasa Indonesia
　　　　　　　 Anda?
Mahasiswa B: Lumayan.

Kemampuan berbahasa	
lancar	☺
lumayan	😐
kurang lancar	☹

Nama teman	Bahasa	Kemampuan berbahasa
	Inggris	
	Indonesia	

Ayo Berkomunikasi!

Oral – Group work

Exercise 5: Interview Indonesian students on your campus (or advanced students of Indonesian) about their classes this semester or about their abilities in various languages. Then make a presentation to the class on what you have learned.

Kelompok A: Opini mahasiswa tentang kelas semester ini.
Kelompok B: Kemampuan berbahasa mahasiswa.

Kosakata

ambil	*to take*
apa saja	*what (with the expectation that there will be more than one item in the answer)*
bahasa	*language*
Belanda	*Dutch, Netherlands*
berbahasa	*to speak a language*
bisa	*can (auxiliary verb)*
gampang/ mudah	*easy*
hanya	*only, just*
ilmu	*science, knowledge*
kajian Asia Tenggara	*Southeast Asian studies*
kemampuan	*ability, skill*
lancar	*fluently*
lima	*five*
lumayan	*okay, not so bad*
mata kuliah	*academic subject*
orangtua	*parent(s)*
sastra	*literature*
sedikit	*a little*
sejarah	*history*
sulit	*difficult, hard*
tahun	*year*

Cultural Notes

The study of foreign languages

Throughout the history of Indonesia, various foreign languages have been popular among the elite and traders. During the colonial era and up until the end of the Sukarno period (1965), Dutch was the most influential foreign language; during the Suharto era, English was the most popular foreign language. Although English remains a powerful language in Indonesia, since the fall of Suharto (1998), there has been a dramatic increase in interest to study Mandarin, Japanese, and Korean. There are economic and cultural reasons for the increased interest in East Asian languages and cultures; students can easily access these languages and cultures via private courses as well as from magazines, comics, television programs, films, and the Internet. Interest in the study of Arabic has been rising since the mid-1980s with increasing educational achievement in Indonesia and the Islamic revival worldwide. Finally, in the reform era (post-1998), complementing the increase in governmental autonomy at the provincial level, there is some interest in teaching local, regional languages in the schools.

Modesty

In the dialogue, Dian is asked about her skills in Japanese. Although she has studied Japanese for five years, she modestly says she is moderately fluent. Indonesian culture demands a level of modesty about oneself; it is far better to err on the side of humility than to boast.

Bab 3

Tinggal di Bogor

Mark, a native English speaker, is a guest in Teguh's English class. After class, Teguh chats with Mark about where he is from and how he likes Indonesia. The two decide to go out shopping and then to get something to eat. Mark enjoys the opportunity to go out and have some authentic Indonesian cuisine as well as to expand his limited vocabulary about food.

Teguh then invites Mark to visit his boardinghouse; here Mark learns about the layout of Indonesian houses and the names of the rooms.

How is the layout of your house similar or different?

Pelajaran 3.1: Teman dari Luar Negeri

Berbelanja dengan teman dari luar negeri

In this lesson you will learn:

- How to ask about likes and dislikes.

  A: *Apa Mark **senang** tinggal di Indonesia?*
  B: *Ya, saya **senang sekali** tinggal di sini.*

- How to ask whether someone is married.

  A: *Apa Mark **sudah menikah?***
  B: *Iya, sudah.*

- How to ask what the Indonesian word for an item is.

  A: *Apa ini **namanya** dalam bahasa Indonesia?*
  B: *Ini pisau **namanya.***

Dialog A

Hari ini, ada tamu dari luar negeri di kelas bahasa Inggris Teguh. Namanya Mark.
Sesudah kelas, Mark dan Teguh bercakap-cakap.

Teguh: Mark, boleh saya bertanya?
Mark: O, silakan.
Teguh: Mark berasal dari mana?
Mark: Saya berasal dari New York, Amerika Serikat.
Teguh: Apa Mark senang tinggal di Indonesia?
Mark: Ya, saya senang sekali tinggal di sini.
Teguh: Apa Mark sudah menikah?
Mark: Iya, sudah. Istri dan anak-anak saya ada di Jakarta sekarang. Mereka
         akan datang ke Bogor minggu depan.

Oral – Whole class activity

Comprehension: Answer the following questions.

1. Siapa Mark?

2. Apa Mark sudah menikah?

Ayo Berlatih!

Oral – Pair work

Exercise 1: Fill in this table with a number of subjects; then interview your class-
mate, using the expression *Apa Anda senang belajar…?*

Example:
matematika
Mahasiswa A: Apa Anda senang belajar matematika?

Mata kuliah/pelajaran	*Senang sekali/senang/kurang senang*
matematika	

Exercise 2 – Role-play: Follow your teacher's instructions. You will be given an identity and then you will be interviewed by a classmate about your situation and whether you are happy living in your current location. Use the expression *Apa...senang...?*

Petunjuk guru:

1. Guru membagikan identitas/peran di bawah kepada setiap mahasiswa dan menerangkan arti simbol berikut:

   ☺ = senang sekali/sangat senang

   😐 = senang

   ☹ = kurang senang

   Peran 1: Samanta/New York/menikah/suami di New York J
   Peran 2: John/Sidney/belum menikah K
   Peran 3: Mei Hua/Cina/menikah/suami di Cina J
   Peran 4: Nicole/Jerman/menikah/suami di Australia L
   Peran 5: Fernando/Filipina/menikah/istri dan anak di Filipina K
   Peran 6: Molly/Los Angeles/menikah/suami dan anak-anak di Los Angeles J
   Peran 7: Frederick/Afrika/menikah/3 anak/istri dan anak-anak di toko buku K
   Peran 8: Hoffman/Belanda/belum menikah L

   [Aktifitas di atas bisa dipersonalisasikan, kalau mahasiswa-mahasiswanya berasal dari berbagai negara]

2. Minta mahasiswa untuk mewawancarai teman-temannya dan melengkapi tabel berikut ini.

Nama	*Berasal dari...*	*Tinggal di sini: senang/tidak*	*Menikah/ belum*	*Keluarganya (anak/suami/ ...) ada di mana?*

Dialog B

Dari kampus, Teguh dan Mark pergi ke toko. Mereka berbelanja peralatan makan.

Mark: Teguh, ini namanya apa dalam bahasa Indonesia?
Teguh: Ini pisau namanya.
Mark: Yang itu, apa?
Teguh: Itu garpu namanya.

Written – Individual work

Comprehension: Answer the following questions.

1. Teguh dan Mark pergi ke mana?

2. Mengapa mereka pergi ke sana?

Ayo Berlatih!

Oral – Pair work

Exercise 3: Look at your appendix. (Don't look at your partner's appendix.) Identify all items in the table by asking your partner *Apa namanya dalam bahasa Indonesia?*

Student A: Look at Appendix A.6.
Student B: Look at Appendix B.6.

(Catatan: Guru juga bisa membawa ke kelas benda-benda yang ada di dalam tabel tersebut.]

Ayo Berkomunikasi!

Written – Individual work

Exercise 4: Write a letter to your Indonesian friend about your Indonesian teacher. The students will ask the teacher questions to obtain information about her/him.

Oral – Pair work

Exercise 5 – Role-play: Listen to your teacher's instructions.

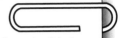

Petunjuk guru:

1. Guru membawa peralatan makan seperti sendok, piring, dll. Aturlah meja di kelas seperti meja di restoran untuk dua orang.
2. Bagi kelas menjadi beberapa pasangan. Suruh setiap mahasiswa untuk membaca situasi dan memainkan peran mereka.

Situation: Eating lunch at a restaurant near campus

Student A: Look at Appendix A.7.
Student B: Look at Appendix B.7.

Kosakata

anak	*child*
benda	*thing*
berasal	*to originate, be from*
berbelanja	*to shop, go shopping*
luar negeri	*abroad, overseas*
mangkuk	*bowl*
menikah	*to marry*
minggu depan	*next week*
peralatan makan	*eating utensils*
pertanyaan	*question*
sekali	*very*
suami	*husband*
tamu	*guest*
tutup gelas	*cover for a glass*

Cultural Notes

Etiquette when making a new acquaintance

When meeting for the first time, Indonesians generally shake hands and state their first names. Usually only one name is given since most ethnic groups do not use family names. Many Indonesians briefly put their right hand to their heart after the handshake and/or give a slight nod of the head. Some Indonesians prefer to greet one another by putting their hands together and raising them to the level of the area between the chin and the nose while bowing the head slightly. Handshaking is commonly used when greeting people you have not seen for a long time and when taking leave. Note that one should never use one's left hand to give or receive objects because the left hand is considered dirty.

Eating utensils

In general, spoons and forks are the preferred eating utensils in homes and restaurants. Knives are used in the kitchen for food preparation but are not placed on the dining table. At Chinese restaurants, chopsticks are often available. In rural areas, it is not unusual to find people eating with their fingers; in this case, there will be small water bowls on the table to wash one's fingers while eating. People generally wash their hands at the sink before and after the meal.

Appendix A.6

Student A: Look at the following illustrations and ask your partner what the items not identified are called in Indonesian.

| | Tutup gelas | | Gelas |

| Pisau | | Sendok | |

Appendix B.6

Student B: Look at the following illustrations and ask your partner what the items not identified are called in Indonesian.

| Mangkuk | | Cangkir | |

| | Garpu | | Piring |

Appendix A.7

Student A: You are an Indonesian student. Today you are eating lunch with a student who has just arrived from America. You want to get to know this new student. Ask and answer questions from the new student.

Appendix B.7

Student B: You are an American student. You have a boyfriend/girlfriend who is now studying in England. You are very happy that he/she will come for a visit next month. This semester you are studying Indonesian. Today you are eating lunch at a restaurant with an Indonesian friend. You want to know the names of the eating utensils on the table.

Pelajaran 3.2: Pergi ke Restoran

Makan di restoran

In this lesson you will learn:

■ How to ask about food.

A: *Teguh, gado-gado **itu apa?***
B: ***O**, gado-gado **itu makanan khas Indonesia.***

A: *Gado-gado **itu isinya apa saja?***
B: ***Mmm, ada** kangkung, tahu, taoge, ketimun, telur, **dan** saus kacang.*

■ How to ask about taste.

A: ***Bagaimana rasanya** gado-gado?*
B: ***Manis dan pedas.***

■ How to order food at a restaurant.

A: ***Anda mau pesan apa?***
B: ***Saya mau** satu porsi gado-gado dan satu teh botol.*

■ How to ask for the bill.

A: *Mas, **minta bonnya!***
B: ***Ini** Mas, **silakan.***

Dialog A

Sesudah berbelanja, Teguh dan Mark makan malam di restoran dekat toko.

Pelayan: Ini menunya, Mas.
Teguh: Terima kasih.

Pelayan pergi. Teguh dan Mark membaca menu.

Mark: Teguh, apa gado-gado itu?
Teguh: O, gado-gado itu makanan khas Indonesia.
Mark: Gado-gado itu isinya apa saja?
Teguh: Mmm, ada kangkung, tahu, taoge, ketimun, telur, dan saus kacang.
Mark: Bagaimana rasanya gado-gado?
Teguh: Manis dan sedikit pedas.

Oral – Whole class activity

Comprehension: Answer the following questions.

1. Gado-gado itu isinya apa saja?

2. Bagaimana rasanya gado-gado?

Persiapan

Madu rasanya manis.   Lemon rasanya asam.   Garam rasanya asin.

Pil kina rasanya pahit.   Cabai rasanya pedas.   Air putih rasanya tawar.

Ayo Berlatih!

Oral – Pair work

Exercise 1: What are the ingredients of gado-gado? Match the names of the items on the left with the appropriate photograph.

a. kangkung

b. tahu

c. ketimun

d. telur

e. saus kacang

f. taoge

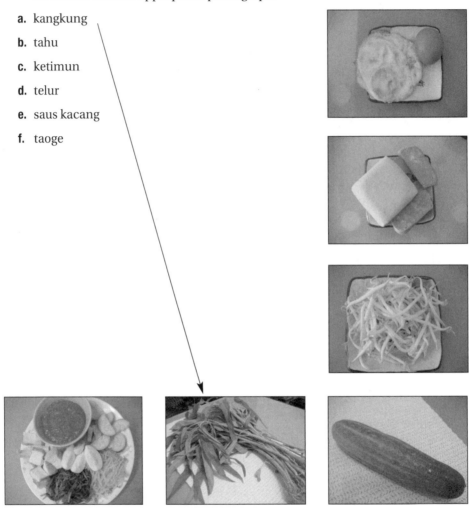

Oral – Pair work

Exercise 2: What is the taste? Use the expression *Bagaimana rasanya…?*

Ask your classmate how the dishes in the following list taste.

Makanan	*Rasa*
pizza	
salad	
makaroni	
gado-gado	

Ask your classmate how the drinks in the following list taste.

Minuman	*Rasa*
teh	
kopi	
bir	
jus apel	
es sirup	

Ayo Berkomunikasi!

Oral – Group work

Exercise 3: International foods

Look for information about one international dish and present your findings to the class. You may use pictures of food items in your presentation.

Nama makanan: _____

Asal: _____

Isi: _____

Rasa: _____

Dialog B

Teguh dan Mark pesan makanan.

Pelayan: Anda mau pesan apa?
Teguh: Saya mau satu porsi gado-gado dan satu teh botol.
Mark: Saya juga pesan gado-gado.
Pelayan: Jadi dua porsi gado-gado. Anda mau minum apa?
Mark: Mmm, saya minum air putih saja.

Sesudah makan

Teguh: Mas, minta bonnya!
Pelayan: Ini Mas, silakan.
Teguh: Terima kasih.

Oral – Whole class activity

Comprehension: Answer the following questions.

1. Teguh pesan apa?

2. Mark minum apa?

3. Siapa minta bonnya?

Ayo Berlatih!

Oral – Pair work

Exercise 4: What is your response? Match the left-hand and the right-hand columns.

1. Mau pesan apa, Mas?   **a.** Daging ayam dan saus kacang.

2. Mau minum apa?   **b.** Ini, silakan.

3. Sate ayam itu apa?   **c.** Satu porsi sate ayam dan satu teh manis.

4. Es buah itu isinya apa saja ? **d.** Jus alpukat.

5. Bagaimana rasanya sate ayam? **e.** Sate ayam itu makanan khas Indonesia.

6. Pak, minta bonnya!   **f.** Manis dan pedas.

                                g. Puding, sirup, melon, alpukat, dan nanas.

Ayo Berkomunikasi!

Exercise 5:

Oral – Group work

A. Make a menu

Make a restaurant menu that is interesting and unique. Describe two or three of the house specialties.

Oral – Pair work

B. Role-play

Situation: At a small restaurant

Mahasiswa A: Look at Appendix A.8.
Mahasiswa B: Look at Appendix B.8.

Kosakata

air putih	*(boiled) drinking water*
ayam	*chicken*
alpukat	*avocado*
bon	*check, bill (in a restaurant/hotel)*
cabai	*chili, red pepper*
coba	*to try*
daging	*meat*
dua	*two*
es buah	*iced drink with fruit*
garam	*salt*
isi	*content(s)*
khas	*typical/specific to a region*
madu	*honey*
makanan	*food*
melayani	*to serve, attend to*
minta	*to ask for, request*
minuman	*drink*
nanas	*pineapple*
pelayan	*servant, attendant, waiter, waitress*
pengunjung	*visitor*
pesan	*to order*
porsi	*portion, serving*
punya	*to have*
saja	*only, merely*
satu	*one*
sesudah	*after*
Rasa	***Tastes***
asam	*sour*
asin	*salty*
manis	*sweet*
pahit	*bitter*
pedas	*spicy*
tawar	*plain, tasteless, bland*

Cultural Notes

Specialty foods of geographic areas

Regions of Indonesia are famous for unique foods and drinks that are characteristic of the area. For example, Central Java is famous for its sweet main dishes while East Java is known for its more salty fare. Visitors to Padang, West Sumatra, will find the food very spicy and rich with coconut milk and chilies, while in Papua they will find the food to be rather bland. The Batak, Manado, and Toraja areas are famous for their spicy dishes made with a lot of lemon grass, chilies, and a variety of unusual meats including rat, bat, dog, and wild boar.

Appendix A.8

Student A: You own a new, small restaurant. You have not hired any servers yet; so far you are taking care of all the customers. Today a friend from abroad comes to your restaurant. Begin the conversation with your friend, using the menu that you made in exercise 5A.

Appendix B.8

Student B: You have recently arrived in Indonesia from abroad so you've not been in Indonesia for long. Your Indonesian friend owns a new restaurant. You want to try the Indonesian food at his restaurant. You don't know anything about Indonesian dishes.

Pelajaran 3.3: Berkunjung ke Rumah Teman

Di rumah teman

In this lesson you will learn:

- How to ask about housing.

  A: *Apa ini rumah* Teguh?
  B: *Bukan, ini bukan rumah saya.*
  Ini rumah tante saya.

  A: *Ada berapa kamar tidur di rumah ini?*
  B: *Ada 3 kamar tidur.*

- How to ask for permission to use the restroom.

  Maaf…boleh saya ke kamar kecil?

- How to ask where the restroom is.

  A: *Di mana kamar kecilnya?*
  B: *Kamar kecilnya ada di sebelah kiri ruang makan.*

Dialog

Mark mampir ke tempat tinggal Teguh.

Mark: Apa ini rumah Teguh?

Teguh: Bukan, ini bukan rumah saya. Ini rumah tante saya.

Mark: O, begitu. Wah, lumayan besar, ya. Ada berapa kamar tidur di rumah ini?

Teguh: Ada tiga kamar tidur.

Mark: Maaf Mas, boleh saya ke kamar kecil?

Teguh: Tentu saja.

Mark: Di mana kamar kecilnya?

Teguh: Kamar kecilnya ada di sebelah kiri ruang makan.

Oral – Whole class activity

Comprehension: Answer the following questions.

1. Ada berapa kamar tidur di rumah itu?

2. Di mana kamar kecilnya?

Persiapan

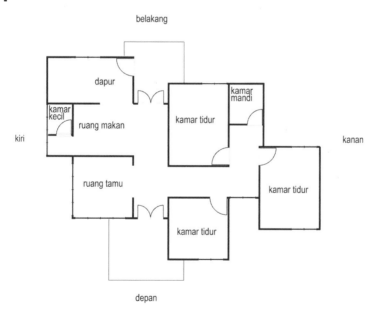

Angka

1. satu
2. dua
3. tiga
4. empat
5. lima
6. enam
7. tujuh
8. delapan
9. sembilan
10. sepuluh

Lantai atas

Lantai bawah

Rumah bertingkat

Ayo Berlatih!

Oral – Group work

Exercise 1: Each student puts two items on his/her desk; then each student asks whose items these things are. Use the phrase *Apa ini…?*

Example:
pensil
Mahasiswa A: Apa ini pensil Lisa?
Mahasiswa B: Bukan, itu bukan pensil Lisa. Itu pensil Jane.

Oral – Pair work

Exercise 2: Match the following activities with the photographs of rooms by writing the appropriate letter in the spaces provided.

Parts of the house

1. tidur	_____	**6.** buang air kecil	_____
2. mandi	_____	**7.** bercakap-cakap dengan teman	_____
3. makan malam	_____	**8.** buang air besar	_____
4. memasak	_____	**9.** belajar	_____
5. menerima tamu	_____	**10.** menonton TV	_____

a. kamar mandi

b. kamar tidur

c. ruang makan

d. ruang tamu

e. dapur

Oral – Pair work

Exercise 3: Description of the house. Ask about the number and location of rooms in the following blueprint. Use the expressions *Ada berapa…di rumah ini?* and *Di mana…?*

Example:

Mahasiswa A: Ada berapa ruang makan di rumah ini?

Mahasiswa B: Ada satu ruang makan.

Mahasiswa A: Di mana ruang makannya?

Mahasiswa B: Ruang makannya ada di depan dapur.

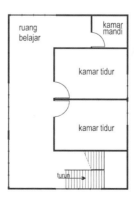

Lantai 1

Lantai 2

Oral – Pair work

Exercise 4 – Game: Where am I? Listen to the instructions from the teacher. Use the expression *Saya ada di…*

Petunjuk guru:

1. Lihatlah denah rumah di Apendiks G.1.
2. Mintalah mahasiswa A memilih satu ruangan di denah tersebut tanpa menyebutkan namanya.
3. Mahasiswa A mendeskripsikan letak ruangan tersebut kepada mahasiswa B.

Contoh: Saya ada di sebelah kiri rumah. Saya ada di belakang ruang tamu. Di mana saya?

4. Mahasiswa B menebak nama ruangan di mana mahasiswa A berada dan bergantian seterusnya.

Ayo Berkomunikasi!

Oral – Group work

Exercise 5 – Discussion

Dream house
Each small group will create a description of a dream house and sketch its layout; then each group will present the description of the house to the class (without showing the blueprint). While listening to the description, the other groups must draw up the house design. The presenting group will select the design that most closely resembles its dream house.

Kosakata

Ada berapa?	*How many are there?*
atas	*upper, top*
bawah	*lower, below*
belakang	*behind*
berkunjung	*to visit*
buang air besar	*to defecate*
buang air kecil	*to urinate*
dapur	*kitchen*
denah	*plan, design, blueprint*
impian	*dream*
kamar	*room*
kamar kecil	*the room with the toilet*
kamar mandi	*the room with a shower or bathing facilities and sometimes a toilet as well*
kamar tidur	*bedroom*
kanan	*right*
kiri	*left*
lantai	*floor*
mampir	*to call on, drop in, come by*
mandi	*to take a bath or shower*
memasak	*to cook*
menerima	*to receive*
ruang	*space, room*
sebelah	*side, next to*
tempat tinggal	*residence*
teras	*porch, terrace*
tidur	*to sleep*

Cultural Notes

Visiting space in a home

The host will usually invite the guest to sit in the living room or on the front veranda. Only close friends or relatives are welcomed into the interior rooms of the house such as the kitchen or backyard.

The WC (water closet) and bathroom

In Indonesian homes the toilet and bathing facilities may be located in the same room or in separate rooms. A room that houses just the toilet is called the *kamar kecil.* In addition, the term *belakang* (literally, the back) is used to refer to the WC, as in "*Boleh saya ke belakang?*" This usage of the term *belakang* could be related to the fact that in the old days the *kamar kecil* was frequently located outside, behind the house. Most homes do not have a shower or hot water but rather have a *bak mandi* (i.e., a vat filled with room-temperature water). The room with the *bak mandi* is referred to as the *kamar mandi,* where people bathe by scooping out water from the *bak mandi* using a dipper.

Apendiks G.1

Bab 4
Kegiatan Teguh

Teguh has a busy social life with old and new friends. In this chapter we see that he goes to a movie with Adi and Dian and accompanies his friend Satrio to a job interview at the company Perusahaan Maju. On another day, he takes Mark shopping to a traditional fruit market where Mark learns the names of some tropical fruit and how to bargain in Indonesia. Mark is happy to have a friend who is so generous with his time and can help him learn about the cultural expectations at a market.

Are there places where you can bargain over the price?

Pelajaran 4.1: Ke Bioskop

Menonton film di bioskop

In this lesson you will learn:

- How to invite someone to come along.

  Adi, ayo ke bioskop *dengan saya.*
  Dian, bagaimana kalau ikut
  dengan saya ke bioskop*?*

- How to ask what time an event will occur.

  A: *Jam berapa?*
  B: *Bagaimana kalau kita pergi jam*
      tujuh?

- How to accept an invitation.

  Boleh/ Baiklah.

- How to decline an invitation.

  Maaf, saya harus belajar.

Dialog

Teguh mengajak teman-temannya ke bioskop.

Teguh: Adi, ayo ke bioskop dengan saya.
Adi: Kapan?
Teguh: Nanti malam, jam delapan.
Adi: Boleh.
Teguh: Itu Dian. Dian, bagaimana kalau ikut dengan kami ke bioskop nanti malam?
Dian: Aduh, maaf, saya harus belajar. Besok ada ujian.
Teguh: Bagaimana kalau besok malam?
Diah: Boleh. Jam berapa?
Teguh: Bagaimana kalau kita pergi jam tujuh?
Dian: Baiklah.
Adi: Saya juga bisa.
Teguh: Kalau begitu sampai besok, ya.

Oral – Whole class activity

Comprehension: Answer the following questions.

1. Teguh mengajak Adi dan Dian ke mana?

2. Mengapa Dian tidak bisa pergi malam itu?

3. Jam berapa mereka akan pergi ke bioskop besok?

Persiapan

Jam berapa sekarang?

07:00	07:15	06:45
jam tujuh	jam tujuh lebih seperempat	jam tujuh kurang seperempat

07:30	08:20	08:50
jam setengah delapan	jam delapan lebih dua puluh (menit)	jam sembilan kurang sepuluh (menit)

Angka

11	sebelas	10	sepuluh
12	dua belas	20	dua puluh
13	tiga belas	30	tiga puluh
14	empat belas	40	empat puluh
15	lima belas	50	lima puluh
16	enam belas	60	enam puluh
17	tujuh belas	70	tujuh puluh
18	delapan belas	80	delapan puluh
19	sembilan belas	90	sembilan puluh
20	dua puluh	100	seratus

Ayo Berlatih!

Oral – Pair work

Exercise 1: Invite your friend using the expression *Bagaimana kalau ikut dengan…?*

Example:
Pergi ke bioskop [jam 20:00]
Mahasiswa A: Bagaimana kalau ikut dengan saya ke bioskop?
Mahasiswa B: Jam berapa?
Mahasiswa A: Jam 8 malam.
Mahasiswa B: Baiklah.

1. Pergi ke perpustakaan [17:00]

2. Pergi ke restoran baru [12:00]

3. Pergi ke mal [15:00]

4. Pergi ke pasar [07:00]

5. Pergi ke _____

Oral – Pair work

Exercise 2: Using the information in the following list, make a dialogue. Use the expression *Jam berapa sekarang?*

Example:
08:00
Mahasiswa A: Jam berapa sekarang?
Mahasiswa B: Jam delapan pagi.

1. 07:10	**3.** 13:20	**5.** 20:15	**7.** 09:15	**9.** 11:45
2. 05:50	**4.** 15:40	**6.** 06:00	**8.** 10:30	**10.** 12:30

Ayo Berkomunikasi!

Oral – Pair work

Exercise 3: Ask your classmate what time he/she does the following activities.

Example:
Mahasiswa A: Anda bangun jam berapa?
Mahasiswa B: Jam 07:00.

Kegiatan/aktivitas	*Jam...* *(tulis dengan angka)*
bangun	7
makan pagi	
pergi ke kelas	
makan siang	
bekerja	
makan malam	
menonton	
berolah raga	
mengerjakan pr	
tidur	

Oral – Group work

Exercise 4 – Discussion

Situation: Because there is an exam tomorrow, the teacher has offered a thirty-minute slot to each student for consultation today. Within your small group, look at the schedules of the students, discuss when each student can meet with the teacher, and then write names in the appropriate time slots.

Nama	*Jadwal hari ini*
Mahasiswa A	09:00–11:00 = kuliah 15:00–16:00 = seminar
Mahasiswa B	10:00–12:00 = kuliah 14:00–16:00 = rapat proyek
Mahasiswa C	12:00–13:45 = kuliah 13:00–14:30 = seminar
Mahasiswa D	09:30–11:30 = seminar 16:00–18:00 = rapat organisasi

Jam konsultasi guru

10:00 – 11:00									
13:00 – 14:00									

Exercise 5: Do you want to join me or not? Listen to the instructions of your teacher.

Petunjuk guru:

1. Mahasiswa secara berpasangan menentukan satu kegiatan/aktivitas yang mau mereka lakukan dan waktunya.
2. Setelah itu, mereka harus mengajak sebanyak mungkin teman untuk ikut.
   Contoh: "Bagaimana kalau ikut dengan saya ke mal jam 5 sore nanti?"
3. Mahasiswa yang diajak, harus menjawab dengan menolak atau mengiyakan.
4. Tulis di papan, siapa yang bisa mengajak teman paling banyak.

Nama orang yang bisa ikut

———————————————

———————————————

———————————————

Nama orang yang tidak bisa ikut   Mengapa dia tidak bisa ikut

———————————————   ———————————————

———————————————   ———————————————

———————————————   ———————————————

Kosakata

ajak	*to invite*
bagaimana kalau	*what if*
baiklah	*okay, all right*
bangun	*to wake up*
banyak	*much, many, a lot*
berolah raga	*to exercise*
hari ini	*today*
ikut	*to follow, join*
jadwal	*schedule*
jam	*time*
jam berapa	*What time is it?*
kalau begitu	*if so, in that case*
kami	*we, us (excluding the addressee)*
kapan	*when*
kegiatan/aktivitas	*activity*
konsultasi	*consultation, counseling*
lebih	*more*
mengajak	*to invite*
mengerjakan	*to do*
menolak	*to refuse*
rapat	*meeting*
setengah	*half*
ujian	*test, exam*

Cultural Notes

Spontaneity in making plans

Most Indonesians like to be spontaneous when making casual plans for interacting with friends and acquaintances. For example, if someone asks a friend to eat out, it is common for the one who was invited to extend the invitation to others. Thus, events often entail large groups; in general the attitude is the more the merrier. It is common to accept or refuse an invitation with an appropriate reason up to the last minute. Plans are considered tentative and fluid up to the last minute; thus it is best to reconfirm plans just before an event occurs. Since plans are not finalized until the last minute, the details of an event may be changed without offending anyone.

Use of the 24-hour clock

The 24-hour clock is used to identify time in written documents such as published train or airline schedules, invitations, or radio and television programming listings. Despite this written convention, when conversing about a departure, people will convert the time written in the 24-hour clock to the 12-hour clock. Thus, if a plane departs at 20 hours, in conversation people will say that it departs at 8 pm (*jam 8 malam*).

Pelajaran 4.2: Tidak Tahu Jalannya

Bertanya pada orang di jalan

In this lesson you will learn:

- How to politely ask a stranger for directions.

  *Permisi, Pak. **Mana jalan ke** perusahaan Maju **dari sini?***

- How to give directions.

  *O, dari sini jalan terus saja di Jalan Pajajaran, **sampai di** Jalan Senopati. **Di sana, belok ke kanan,** jalan terus saja di Jalan Senopati sampai di Jalan Bintang. **Di sana belok ke kiri,** jalan terus saja di Jalan Bintang. Perusahaan Maju **ada di sebelah kiri.***

- How to inquire about distance.

  A: *Pak, **apa jauh dari sini ke** perusahaan itu ?*
  B: *O, tidak jauh. Kira-kira 15 menit jalan kaki.*

- How to ask about plans.

  Eh, ngomong-ngomong, hari** Minggu **ini** Teguh **ada acara apa?

Dialog

Teguh dan Satrio mau pergi ke perusahaan Maju. Di tengah jalan, mereka bertanya pada polisi lalu-lintas mana jalan ke perusahaan Maju.

Di halte bus.

Satrio: Guh, mana jalan ke perusahaan Maju dari sini?

Teguh: Waduh, saya kurang tahu. Mari kita tanya polisi itu. Permisi, Pak. Mana jalan ke perusahaan Maju?

Polisi: O, dari sini jalan terus saja di Jalan Pajajaran, sampai di Jalan Senopati. Di sana belok ke kanan, jalan terus saja di Jalan Senopati sampai di Jalan Bintang. Di sana belok ke kiri, jalan terus saja di Jalan Bintang. Perusahaan Maju ada di sebelah kiri.

Teguh: Pak, apa jauh dari sini ke perusahaan itu?

Polisi: O, tidak jauh. Kira-kira 15 menit jalan kaki.

Teguh: Terima kasih, Pak. Satrio, ayo, kita jalan ke sana.

Satrio: Eh, ngomong-ngomong, hari Minggu ini Teguh ada acara apa?

Teguh: Belum tahu. Mungkin mau main badminton atau sepak bola. Mau ikut?

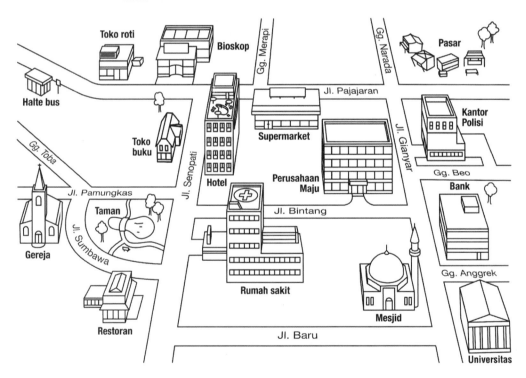

Oral – Whole class activity

Comprehension: Answer the following questions.

1. Teguh dan Satrio mau ke mana?

2. Mana jalan ke perusahaan Maju dari halte bus? (Lihat peta.)

3. Apa perusahaan itu jauh?

4. Hari Minggu ini Teguh ada acara apa?

Persiapan

Nama-nama hari

Senin Selasa Rabu Kamis Jumat Sabtu Minggu

Nama-nama bulan

1 Januari	4 April	7 Juli	10 Oktober
2 Februari	5 Mei	8 Agustus	11 November
3 Maret	6 Juni	9 September	12 Desember

Ayo Berlatih!

Oral – Pair work

Exercise 1: Using the following map, ask your classmate for direction from one point to another. Use the expression *Dari… mana jalan ke…?*

Example:

Mahasiswa A: Permisi, Mas. Dari halte bus ini, mana jalan ke perusahaan Maju?

Mahasiswa B: O, dari sini jalan terus saja di Jalan Pajajaran, sampai di Jalan Senopati. Di sana belok ke kanan, jalan terus saja di Jalan Senopati sampai di Jalan Bintang. Di sana belok ke kiri, jalan terus saja di Jalan Bintang.Perusahaan Maju ada di sebelah kiri.

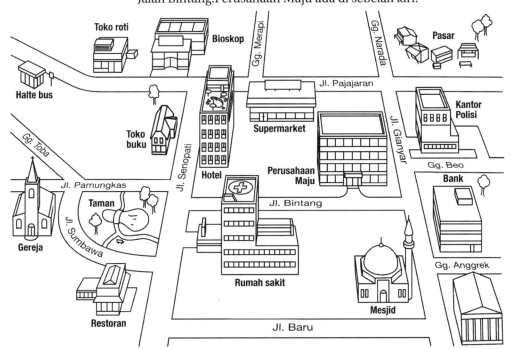

Oral – Whole class activity

Exercise 2 – Game: Listen to the instructions from your teacher. Use the expression *Tempat itu ada di…*

Petunjuk guru:

Aturan main:

1. Atur gambar-gambar tempat (toko, bioskop, dll) di lantai, menyerupai jalan raya.
2. Mahasiswa A ditutup matanya. Ia harus mencari 1 tempat yang guru tentukan, misalnya Toko, dengan mendengarkan petunjuk mahasiswa yang lain, seperti: belok ke kanan, belok ke kiri, jalan terus, berhenti… (Guru menjelaskan dulu kata-kata ini sebelumnya.)
3. Kalau mahasiswa A itu sudah ada di depan tempat yang dia cari, dia bisa membuka penutup matanya. Mahasiswa yang lain memberikan petunjuk, contoh: Tempat itu ada di sebelah kanan bioskop.
4. Mahasiswa A harus menyebutkan nama tempat yang dia cari itu.

Oral – Whole class activity

Exercise 3: Ask your classmate whether three places in your city/town are close to or far from here. Use the expression *Apa jauh dari… ke…?*

Example:
Mahasiswa A: Permisi, Mbak. Apa jauh dari sini ke perpustakaan?
Mahasiswa B: O, tidak jauh. Kira-kira 5 menit jalan kaki.

Nama tempat	*Jawaban teman (jauh/dekat) (kira-kira …)*

Oral – Pair work

Exercise 4: Put the activities on the left into the categories on the right by drawing a line from the activity to the appropriate category.

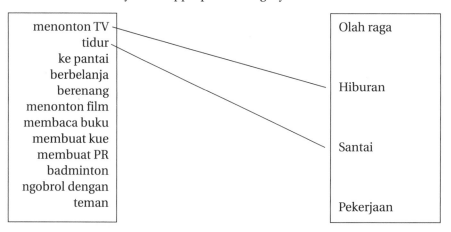

menonton TV
tidur
ke pantai
berbelanja
berenang
menonton film
membaca buku
membuat kue
membuat PR
badminton
ngobrol dengan teman

Olah raga

Hiburan

Santai

Pekerjaan

Oral – Pair work

Exercise 5: Names of the days of the week. Listen to your teacher's instructions and use the expression *Ada acara apa hari…?*

Petunjuk guru:

Guru membawa kalendar dan memberitahukan bahwa hari ini adalah hari X dalam bahasa Indonesia. Sesudah itu, guru memperkenalkan nama-nama hari dengan menggunakan teknik: 'hari ini hari X, besok hari Y, lusa hari Z…'

Situation: This week you are busy; every morning you have classes, and in the late afternoon you have other activities. But you want to go to the movies with your friend. Talk with your friend about your schedules and find a time you can go together to the movies. Report your findings to the class.

Student A: Look at Appendix A.9.
Student B: Look at Appendix B.9.

 ## Ayo Berkomunikasi!

Oral – Group work

Exercise 6: Listen to the recording and follow your teacher's instructions.

Petunjuk guru:

1. Mahasiswa mendengarkan rekaman satu kali. (Guru bisa melihat dialognya di Apendiks G.2.)
2. Minta mahasiswa melengkapi tabel di bawah dengan:
   a. menulis/menggambar aktivitas-aktivitas Agus.
   b. bertanya pada teman-teman: siapa yang pernah melakukan aktivitas yang sama dengan Agus, di mana mereka melakukan aktivitas itu, dan apakah tempat itu jauh atau tidak dari rumahnya.
3. Mahasiswa mendengarkan rekaman itu sekali lagi.
4. Minta mereka menggambar jalan ke kolam renang itu.

Situation: Agus and Ida are students at Petra University. On Monday morning they met at the university and chatted about the weekend.

Aktivitas Agus	Nama teman dengan aktivitas yang sama	Tempat aktivitas	Jauh/tidak Kira-kira...

Oral – Pair work

Exercise 7 – Mysterious places game: Listen to your teacher's instructions.

Petunjuk guru:

1. Guru memperbanyak gambar peta setempat.
2. Cara permainan:
   a. Mahasiswa memikirkan suatu tempat misterius yang akan dituju dengan melihat peta yang diberikan guru.
   b. Mahasiswa harus menjelaskan ke temannya mana jalan ke tempat itu tanpa menyebutkan namanya.
   c. Setelah sampai, temannya harus menebak nama tempat yang dituju.
   d. Jangan lupa menyebutkan tempat mulainya.

Kosakata

acara	*event, engagement, something to do*
akhir minggu	*weekend*
belok	*to turn*
berenang	*to swim*
hari	*day*
jalan kaki	*to walk*
jalan terus	*keep walking*
jalan	*1. street; 2. to walk*
jauh	*far*
kaki	*foot*
kira-kira	*approximately*
kota	*city*
kue	*cake*
kurang tahu	*to not be sure*
lalu-lintas	*traffic*
lusa	*the day after tomorrow*
main	*to play*
malam Minggu	*Saturday night*
Minggu	*Sunday*
mungkin	*maybe, probably*
ngobrol	*to chat*
ngomong-ngomong	*by the way*
pantai	*beach*
pekerjaan	*work, job, occupation*
perusahaan	*company*
peta	*map*
polisi	*police*
Sabtu	*Saturday*
santai	*relaxed, leisure time*
sepak bola	*soccer*
tahu	*to know*
tempat perhentian bus	*bus stop*
terus	*continue, keep going*
waduh	*Wow! (exclamation of astonishment/surprise)*

Cultural Notes

Giving directions

There are two commonly used ways of giving directions: using the cardinal directions and using the terms right and left. Commonly, those living in the countryside will use the cardinal directions. Thus, directions will be given by saying to go south until you come to X and then go west until you come to Y. City dwellers tend to give directions by saying to turn right at X street and then go three blocks and turn left at Y street. Since city dwellers do not enjoy walking long distances in the heat and dust, they will often advise those requesting directions to take a *becak* (rickshaw) or motorized vehicle such as an *ojek* (motorcycle taxi), *bemo* (minivan), bus, or taxi.

Malam minggu, Saturday night

Indonesians commonly say *malam Minggu* meaning the eve of Sunday (i.e., Saturday night), although one can say *Sabtu malam* to refer to the same evening. In the context of the conversation in Appendix 4B-Guru, Agus says, "*Sabtu malam saya pergi ke rumah pacar saya,…malam minggu, kan.*" Here, Agus uses both patterns. "Saturday evening I'm going to my girlfriend's house because, you know, it's Saturday night." *Malam minggu* carries a special connotation; it is the one night of the week when one goes out with friends, especially with a girlfriend, to have fun.

Apendiks A.9

Mahasiswa A

Hari	*Kegiatan / acara*
Senin	ke perpustakaan
Selasa	belajar untuk ujian matematika
Rabu	_____
Kamis	_____
Jumat	berenang dengan teman
Sabtu	berbelanja
Minggu	_____

Apendiks B.9

Mahasiswa B

Hari	*Kegiatan / acara*
Senin	belajar kelompok
Selasa	_____
Rabu	mengerjakan proyek
Kamis	_____
Jumat	ke pantai dengan teman
Sabtu	_____
Minggu	main bulu tangkis

Apendiks G.2

Ida: Hai Gus, bagaimana akhir minggunya? Apa saja acaranya?

Agus: Sabtu malam saya pergi ke rumah pacar saya, malam Minggu, kan. Kemudian, hari Minggu pagi, saya dengan keluarga pergi ke supermarket. Lalu siangnya, kami berenang.

Ida: Berenang di mana?

Agus: Di kolam renang yang baru, namanya Duta.

Ida: Jauh tidak dari sini?

Agus: Dari universitas ini tidak jauh.

Ida: Kalau begitu, saya mau ke sana besok sesudah kuliah. Mana jalan ke kolam renang itu dari sini, Gus?

Agus: Dari sini jalan terus saja di Gang Anggrek sampai di Jl.Gianyar, di sana belok ke kanan. Jalan terus saja di jalan Gianyar sampai di Jl. Bintang. Di sana belok ke kiri, jalan terus saja di Jl.Bintang sampai di Jl.Senopati. Di sana belok ke kanan, jalan terus saja. Kolam renang itu ada di sebelah kiri, sesudah toko buku.

Pelajaran 4.3: Belajar Menawar

Menawar buah di pasar

In this lesson you will learn:

- How to identify an item.

  Yang satu lagi. Yang di sebelah sana.

- How to ask what the price is.

  Pak, berapa harga satu kilogram anggur ini?

- How to read prices in rupiah.

  Rp. 16.000,- = Enam belas ribu rupiah

- How to state simple measures.

  satu kilogram / satu kilo

Dialog

Hari Minggu pagi, Teguh dan Mark pergi ke pasar buah.

Mark: Teguh, buah yang di sebelah sana itu, apa namanya dalam bahasa Indonesia?

Teguh: Yang ini?

Mark: Bukan, bukan. Yang satu lagi. Yang di sebelah sana. Buah apa itu?

Teguh: O, itu anggur.

Teguh bertanya pada penjual buah-buahan.

Teguh: Pak, berapa harga satu kilogram anggur ini?

Penjual: O, satu kilonya Rp. 16.000,-.

Teguh: Ah, mahal sekali. Rp. 10.000,- ya?

Penjual: Tidak bisa, Mas. Rp. 14.000,- harga pas, tidak bisa ditawar lagi. Ini sudah murah. Kan, buahnya segar.

Teguh: Baiklah, saya mau setengah kilo saja.

Penjual: O, kalau setengah kilo harganya Rp. 8.000,-.

Teguh: Ah, tidak jadi deh, Pak.

Penjual: Bolehlah, Mas. Ini, setengah kilo Rp.7.000,-.

Oral – Whole class activity

Comprehension: Answer the following questions.

1. Buah apa yang Mark lihat?

2. Berapa harga satu kilogram anggur?

3. Berapa banyak anggur yang Teguh beli?

Persiapan

Satuan untuk buah

1 kilogram mangga
(=1000 gram)

setengah kilogram anggur
(=500 gram)

seperempat kilogram jeruk
(=250 gram)

1 buah durian

2 buah nanas

sesisir pisang

Ayo Berlatih!

Oral – Pair work

Exercise 1 – Names of fruit: Listen to your teacher's instruction. Use the expression *Buah di sebelah sana itu, apa namanya dalam bahasa Indonesia?*

Petunjuk guru:

1. Gunting gambar buah-buahan yang ada di Apendiks A.10, lalu letakkan di atas meja mahasiswa.
2. Minta mahasiswa untuk bekerja secara berpasangan.
3. Mahasiswa B melihat daftar gambar dan nama buah-buahan di Apendiks B.10.
4. Mahasiswa A melihat gambar buah-buahan yang ada di meja, lalu bertanya kepada Mahasiswa B. Contoh:

   Mahasiswa A: Buah yang di sebelah sana itu, apa namanya dalam bahasa Indonesia?
   Mahasiswa B: Yang ini?
   Mahasiswa A: Bukan. Yang satu lagi. Yang di sebelah sana. Buah apa itu?
   Mahasiswa B: O, itu anggur.

Sesudah beberapa pertanyaan, minta mahasiswa bertukar peran.

5. Kalau masih ada waktu, acak gambar, dan minta mahasiswa untuk bertukar pasangan dan melakukan kegiatan yang sama.

Oral – Pair work

Exercise 2 – Buying and selling: Listen to your teacher's instructions. Use the expression *Saya mau beli…*

Petunjuk guru:

1. Bagikan gambar buah-buahan dan tuliskan ukuran/jumlahnya (kg/buah/sisir) kepada setiap mahasiswa.
2. Minta mereka bekerja secara berpasangan. Secara bergantian, mereka membeli buah yang ada di daftar di apendiks masing-masing. Kalau mahasiswa A yang menjadi pembeli, mahasiswa B yang memberikan gambar dan tulisan buah itu.

Example:
1 kilo mangga
Mahasiswa A: Saya mau beli 1 kilo mangga.
Mahasiswa B: Ini, 1 kilo mangga. (Berikan gambar mangga dan tulisan 1 kilo.)

Student A: Look at Appendix A.11.
Student B: Look at Appendix B.11.

Oral –Pair work

Exercise 3: Give a price to each illustration of fruit in Exercise 1 and then create a dialogue by asking your classmate the price of the various kinds of fruit. Use the expression *Berapa harga…?*

Example:

Mahasiswa A: Berapa harga sebuah nanas ini?
Mahasiswa B: Empat ribu dua ratus lima puluh.

Rp. 4.250,-

Ayo Berkomunikasi!

Oral – Whole class activity

Exercise 4 – Role-play

Petunjuk guru:

1. Guru membuat situasi seperti di pasar. Ada penjual dan pembeli.
2. Penjual mendapatkan daftar harga buah-buahan yang dijualnya, harga itu masih bisa ditawar. Gambar buah-buahan ditaruh di atas meja penjual.
3. Pembeli mendapatkan daftar buah-buahan yang harus dibeli. Pembeli menawar dan menulis harga buah-buahan yang dibeli.
4. Sesudah selesai, semua pembeli membandingkan harga buah-buahan yang dibeli. Siapa yang bisa membeli dengan harga paling murah?

Penjual 1: Anda penjual

Buah	Harga
mangga	Rp. 13.000,-/kg
pisang	Rp. 5.250,-/sisir
anggur	Rp. 16.000,-/kg
durian	Rp. 25.000,-/buah

Penjual 2: Anda penjual

Buah	Harga
anggur	Rp. 16.200,-/kg
pisang	Rp. 5.150,-/sisir
jeruk	Rp. 5.500,-/kg
nanas	Rp. 4.250,-/buah

Penjual 3: Anda penjual

Buah	Harga
jeruk	Rp. 5.450,-/kg
durian	Rp. 25.000,-/buah
nanas	Rp. 4.250,-/buah
mangga	Rp. 13.500,-/kg

Pembeli 1: Tawar, lalu belilah buah-buahan ini. Tulis harganya.

Buah	Harga
2 kg mangga	_____
sesisir pisang	_____
1 buah nanas	_____

Pembeli 2: Tawar, lalu belilah buah-buahan ini. Tulis harganya.

Buah	Harga
1½ kg anggur	_____
2 kg mangga	_____
1 buah nanas	_____

Pembeli 3: Tawar, lalu belilah buah-buahan ini. Tulis harganya.

Buah	Harga
2 buah durian	_____
sesisir pisang	_____
1½ kg anggur	_____

Exercise 5 – Role-play

Situation: You want to buy fruit for a party and you have Rp. 50.000,-. Write in the following chart what type of fruit, how much, and what price you will pay for the fruit you have decided to buy.

Buah	Harga	Jumlah	
mangga	Rp. 13.000,-/kg	*2 kg*	*Rp. 26.000,-*
pisang	Rp. 5.150,-/sisir		
anggur	Rp. 16.200,-/kg		
durian	Rp. 25.000,-/buah		
jeruk	Rp. 5.500,-/kg		
nanas	Rp. 4.250,-/buah		

Kosakata

anggur	*grape(s)*
buah	*fruit*
buah-buahan	*variety of fruit*
sebuah	*one item*
dalam	*in*
durian	*durian fruit*
harga	*price*
harga pas	*fixed price*
jeruk	*orange*
mahal	*expensive*
mangga	*mango*
membeli	*to buy*
menawar	*to bargain, make an offer*
murah	*inexpensive, cheap*
pembeli	*buyer*
penjual	*seller*
segar	*fresh*
seperempat	*one-quarter*
sesisir	*a bunch (of bananas)*
tawar	*to bargain*
tidak jadi	*not work out (X does not happen as planned)*
yang	*the one, which*

Cultural Notes

Bargaining

Bargaining commonly occurs in traditional markets and street stalls in Indonesia but not in stores with fixed prices. You should bargain only for something you are really interested in buying because if the amount you offer to pay is accepted by the seller, then you are obliged to make the purchase.

Satu kilogram and *sekilo*

In the dialogue Teguh says, "*Pak, berapa harga satu kilogram anggur ini?*" and the fruit seller responds, "*O, satu kilonya Rp. 16.000,-.*" Notice that the seller has shortened kilogram to kilo. In addition, speakers commonly reduce the word *satu* to the prefix *se*. Thus, in colloquial speech one will hear, "*Berapa harga sekilo anggur ini?*" The full form of the expression is given in the dialogue merely for pedagogical purposes; daily conversation will use the shortened form.

Apendiks A.10

Student A: Ask your classmate the name of three types of fruit that are on the table.

Cut the illustrations of the fruit and put them on the table.

Apendiks B.10

Student B: Answer the questions of your classmate.

Jeruk   Alpukat   Nanas

Mangga   Pisang   Durian

Apel   Anggur

Apendiks A.11

Mahasiswa A

Jumlah	Buah
1 kg	mangga
3 buah	durian
1 sisir	pisang
2 buah	nanas
¼ kg	jeruk

Apendiks B.11

Mahasiswa B

Jumlah	Buah
1 kg	jeruk
2 buah	alpukat
½ kg	mangga
4 buah	nanas
2 sisir	pisang

Bab 5
Pergaulan Mahasiswa

In this chapter, Dian and her friend Pingkan are shopping at the bookstore when they happen to see Pingkan's friend Toni. While chatting, Dian and Toni discover that they are both from same hometown. Later, Toni suggests that they all go out to a movie sometime soon. After going out to a movie, Toni, Pingkan, and Dian eat at a restaurant; thus they have ample time to get to know new friends and catch up with old friends. They plan to go shopping together and ask Teguh to come along. As one can see, Indonesians generally like to do ordinary things such as shopping, getting a haircut, or going to a job interview with friends.

Are there different expectations between friends in your community? In your country, what do people say to each other when they meet for the first time? How are introductions made in Indonesia?

Pelajaran 5.1: Teman Baru

Berkenalan dengan teman baru

In this lesson you will learn:

- How to introduce someone to others.   *Toni,* **kenalkan, ini** *Dian, teman kos saya.*

- How to ask if someone has lived somewhere for a long time.   *Apa Dian* **sudah lama tinggal di** *Bogor?*

- How to ask how much longer an event or a state will continue.   **Berapa lama lagi** *Toni akan tinggal di Bogor?*

- How to clarify one's intention.   **Maksud saya,** *bukan hari ini. Bisa besok atau lusa.*

- How to state a conclusion.   **Kalau begitu,** *nanti telepon kami, ya.*

Dialog

Dian dan Pingkan, teman Dian, ada di toko buku. Di sana mereka bertemu dengan Toni, teman SMA Pingkan dulu. Pingkan memperkenalkan Dian pada Toni.

Pingkan: Toni, kenalkan, ini Dian, teman kos saya.
Toni: Toni.
Dian: Dian.
Toni: Dian, asalnya dari mana?
Dian: Dari Bandung. Toni dari mana?
Toni: O, saya juga dari Bandung. Apa Dian sudah lama tinggal di Bogor?
Dian: Iya, sudah sepuluh tahun. Apa Toni sudah lama tinggal di Bogor?
Toni: Baru dua tahun.
Dian: Berapa lama lagi Toni akan tinggal di Bogor?
Toni: Masih dua tahun lagi….Eh, bagaimana kalau nanti kita pergi ke bioskop? Ada film baru.
Pingkan: Wah maaf, saya sudah ada janji sore ini.
Toni: Maksud saya, bukan hari ini. Bisa besok atau lusa.
Dian: Boleh. Kalau begitu, nanti telepon kami, ya.
Toni: Baiklah.

Lisan – Seluruh kelas

Pemahaman: Jawablah pertanyaan ini.

1. Apa Toni sudah lama tinggal di Bogor?

2. Berapa lama lagi Toni akan tinggal di Bogor?

3. Kapan Toni mau ke bioskop?

Ayo Berlatih!

Lisan – Berkelompok

Latihan 1: Duduklah dalam lingkaran. Perkenalkan teman di sebelah kanan Anda. Teman-teman yang lain menanyakan asalnya. Pakailah fungsi 'Kenalkan, ini…, teman…' dan '…, asalnya dari mana?'

Contoh:

Mahasiswa A: Kenalkan, ini Susi, teman kuliah saya.
Mahasiswa B: Susi, asalnya dari mana?

Latihan 2: Lengkapilah tabel di bawah ini dengan bertanya pada teman. Pakailah fungsi 'Apa…sudah lama…?' dan 'Berapa lama lagi…?'

Topik	*Apa...sudah lama...?*	*Berapa lama lagi...?*
Tinggal di…	_____	_____
Belajar bahasa Indonesia	_____	_____
_____	_____	_____
_____	_____	_____

Latihan 3: Lengkapilah dialog ini. Pakailah fungsi 'Maksud saya…'

1. Situasi: Di kantor, Mbak Lastri mencari Mbak Sri.

   Mbak Lastri: Mas Doni, Anda melihat Mbak Sri?
   Mas Doni: Lho, Mbak Sri kan sedang pergi ke luar negeri?
   Mbak Lastri: _____.
   Mas Doni: O, Mbak Sri Murni maksudnya. Saya kira Mbak Sri Rahmat. Kalau Mbak Sri Murni memang hari ini tidak masuk. Dia sakit.

2. Situasi: Pak Tomo akan berangkat ke Jepang.

   Pak Markus: Pak Tomo, jam berapa akan berangkat ke Jepang?
   Pak Tomo: Saya akan berangkat jam 21:00 dari rumah.
   Pak Markus: _____.
   Pak Tomo: O, kalau pesawatnya akan berangkat jam 23:30.

3. Situasi: Ati tinggal di Jakarta. Minggu depan dia mau berlibur ke Manado.

   Ati: Surya, minggu depan saya mau ke Manado.
   Surya: O, ya. Berapa lama ke sananya?
   Ati: Saya mau seminggu di sana.
   Surya: _____.
   Ati: O, kalau dari sini ke Manado kira-kira 3 jam.

4. Situasi: Katie mahasiswa dari Amerika. Suatu hari dia membeli buah di pasar.

   Katie: Pak, saya mau mangga dua.
   Penjual: *[Memberikan 2 kilo mangga.]*
   Katie: _____.
   Penjual: O, saya kira 2 kilo.

5. Buatlah situasi sendiri.

Lisan – Berpasangan

Latihan 4: Buatlah dialog untuk setiap ilustrasi ini. Pakailah fungsi 'Kalau begitu…'

Contoh:

Mahasiswa A: Wah, busnya penuh
                sekali.

Mahasiswa B : Kalau begitu, ayo kita
                 naik taksi.

1.

2.

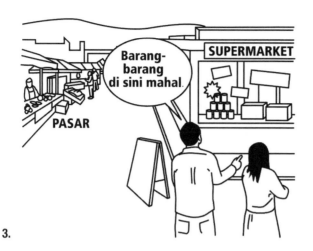

3.

Ayo Berkomunikasi!

Lisan – Berkelompok kecil

Latihan 5 – Main peran

Situasi: Ada mahasiswa yang akan praktik di perusahaan Sentosa. Bos memperkenalkannya pada stafnya. "Kenalkan, ini _____, mahasiswa yang akan praktik di perusahan Sentosa." Bos dan stafnya bertanya pada mahasiswa tentang kuliahnya, keluarganya, dan sebagainya.

Mahasiswa A: Lihatlah Apendiks A.12 untuk membaca informasi tentang mahasiswa.

Mahasiswa B: Lihatlah Apendiks B.12 untuk membaca informasi tentang pertanyaan bos dan stafnya.

Lisan – Seluruh kelas

Latihan 6 – Menyimak: Dengarkan petunjuk guru.

Petunjuk guru:

1. Jelaskan situasi dialog. (Lihat Apendiks G.3.)
2. Guru memutar kaset berisi percakapan. (Dialog bisa diulangi beberapa kali sampai mahasiswa memahami fokus-fokus yang diajarkan.)
3. Mintalah mahasiswa untuk membuat dialog berdasarkan cerita yang mereka dengarkan dengan menggunakan frasa: sudah berapa lama, berapa lama lagi.

Situasi: Anda akan mendengarkan percakapan di rumah kos antara ibu kos, Bu Tati, dengan Mia dan Erni. Erni adalah anak kos baru. Percakapan apa kira-kira yang akan Anda dengarkan?

Kosakata

barang	*thing, object*
baru	*1. new; 2. just, recently*
berangkat	*to depart, leave*
berlibur	*to be/go on vacation/holiday*
bersama-sama	*together*
bulan	*month*
dan sebagainya (dsb.)	*and so forth, et cetera*
dulu	*1. formerly, previously, in the past; 2. to do something first*
janji	*appointment, promise*
kira	*to think, be of the opinion*
kira-kira	*about, approximately*
lama	*length of time, long (of time)*
lulus	*to graduate*
maksud	*meaning, intention*
masih	*still*
memang	*yes, indeed that's so (agreeing with what the previous speaker has said)*
memberikan	*to give something to someone*
membuka	*to open*
memperkenalkan	*to introduce*
nomor	*number*
pesawat	*airplane, aircraft*
praktik	*practice*
berpraktik	*to practice*
sakit	*sick, ill*
selama	*while, as long as, during*
selesai	*finished, completed*
sendiri	*self, oneself, independently*
telepon	*to call someone, telephone*
tugas	*task, duty, assignment*
usaha	*business, work, enterprise*

Cultural Notes

Common topics of conversation with new acquaintances

When one is introduced, it is customary to shake hands and say one's name. Following the introduction, conversation then turns to questions about the interlocutor's place of origin, how long she or he has been living at the current residence, and his or her family members in an effort to make a connection. If one finds common ethnicity, hometown or language, this provides an avenue to explore for shared experiences. Later the conversation may turn to topics about work, school, or friends and acquaintances.

Apendiks A.12

Mahasiswa A: Anda mahasiswa praktik. Ini informasi tentang Anda.

- Kuliah di bagian ekonomi, sudah tiga tahun.
- Akan lulus setahun lagi.
- Setelah lulus, Anda mau membuka usaha sendiri.
- Di perusahaan Sentosa baru satu hari.
- Anda belum punya teman di sana.
- Harus praktik kerja selama tiga bulan.
- Anda bisa juga pakai data-data Anda sendiri.

Apendiks B.12

Mahasiswa B: Anda staf di perusahan Sentosa. Ada mahasiswa praktik di perusahan Anda. Tanyakanlah informasi tentang mahasiswa itu.

- Kuliahnya
- Keluarganya
- Dan sebagainya

Apendiks G.3

Situasi percakapan: Ada anak kos baru di rumah Bu Tati. Namanya Erni. Sekarang Bu Tati memperkenalkan Erni pada Mia.

Bu Tati: Mia, kenalkan ini Erni, sekarang dia juga tinggal di sini.
Mia: Mia.
Erni: Erni.
Mia: Erni dari mana asalnya?
Erni: Dari Padang, Mia dari mana?
Mia: Saya dari Garut. Maaf, Erni, saya harus pergi kuliah sekarang.
Erni: Silakan. Saya juga harus pergi ke kampus.
Mia: Maksud Erni, ke kampus UGM?
Erni: Ya, betul.
Mia: Kalau begitu kita bisa pergi bersama-sama. Bu Tati, kami pergi dulu, ya.
Bu Tati: Baiklah. Hati-hati di jalan, ya.

Di perjalanan

Erni: Sudah berapa lama Mia di Yogya?
Mia: Baru enam bulan.
Erni: Berapa lama kuliah Mia?
Mia: O, masih lama, kira-kira empat tahun lagi.
Erni: Maksud saya, berapa lama kuliah Mia hari ini?
Mia: O, hari ini kuliah saya tidak lama, hanya dua jam.
Erni: Kalau begitu, bagaimana kalau kita bertemu di kantin sesudah kuliah Mia selesai.
Mia: Baiklah.

Pelajaran 5.2: Keluarga Teman Baru

Keluarga Mas Dadit

In this lesson you will learn:

■ How to ask about family members.

A: *Dian **berapa bersaudara?***
B: *Saya tiga **bersaudara.***

***Sudah berapa lama** kakak Dian
menikah?*
***Sudah berapa** anaknya?*
Berapa umur** Dian? **Berapa umurnya?

■ How to express regret.

Waduh, sayang sekali.

Dialog

Hari Jumat, Toni pergi menonton film dengan Pingkan dan Dian. Sesudah menonton, mereka makan malam. Waktu sedang makan, Dian menerima telepon dari kakaknya.

Sesudah bicara dengan kakaknya, Dian bicara dengan Toni.

Dian: Maaf ya, itu telepon dari kakak saya.

Toni: Dian berapa bersaudara?

Dian: Saya tiga bersaudara. Kakak laki-laki satu dan adik laki-laki satu.

Toni: Apa kakak Dian sudah menikah?

Dian: Sudah, dia sudah menikah.

Toni: Sudah berapa lama kakak Dian menikah?

Dian: Sudah tiga tahun.

Toni: Sudah berapa anaknya?

Dian: Baru satu.

Toni: Berapa umurnya?

Dian: Baru berumur dua tahun. Istri kakak saya pernah dapat beasiswa ke Australia. Tapi dia tidak pergi, karena anaknya masih kecil.

Toni: Waduh, sayang sekali.

Lisan – Seluruh kelas

Pemahaman: Jawablah pertanyaan ini.

1. Dian punya berapa saudara?

2. Sudah berapa anak kakak Dian? Berapa umurnya?

3. Mengapa istri kakak Dian tidak pergi ke Australia?

Ayo Berlatih!

Lisan – Seluruh kelas

Latihan 1 – Main peran: Dengarkan petunjuk guru. Pakailah fungsi 'Sudah berapa lama…,' 'Berapa umurnya…?' dan 'Berapa bersaudara?'

Petunjuk guru:

Jelaskan situasi lalu bagikan lembaran instruksi (lihat Apendiks G.4) secara acak. Lembaran instruksi tidak boleh ditunjukkan mahasiswa pada temannya. Kalau jumlah mahasiswa lebih dari enam orang, satu instruksi bisa dipakai oleh dua orang.

Situasi: Anda terpisah dari keluarga waktu kecil. Sekarang Anda bertemu kembali dengan mereka. Lihatlah identitas anggota keluarga yang dibagikan oleh guru. Carilah siapa anggota keluarga Anda dengan bertanya kepada teman-teman.

Lisan – Berpasangan

Latihan 2: Lihat situasi dan buatlah dialog. Mahasiswa A mulai dengan menceritakan situasi, lalu Mahasiswa B menjawab dan sebaliknya. Pakailah fungsi 'Waduh, sayang sekali.'

1. Situasi: Mahasiswa A mendapat hadiah tiket gratis berlibur ke Eropa, tapi dia tidak bisa pergi karena harus bekerja.

2. Situasi: Mahasiswa B tidak bisa ikut konferensi di luar kota karena…

3. Situasi: Mahasiswa A punya tiket menonton konser yang terkenal. Tapi pada hari H-nya, dia tidak bisa pergi karena hujan.

4. Situasi: Mahasiswa B melihat ada barang yang dijual murah sekali di toko. Tapi tidak bisa membelinya karena…

Ayo Berkomunikasi!

Lisan – Berpasangan

Latihan 3 – Main peran: Lihatlah apendiks masing-masing. (Jangan lihat apendiks teman.)

Mahasiswa A: Lihatlah Apendiks A.13.
Mahasiswa B: Lihatlah Apendiks B.13.

Lisan – Seluruh kelas

Latihan 4 – Permainan: Tulislah sebuah cerita dengan tema 'Keluarga saya.'

Petunjuk guru:

Minta mahasiswa menulis sebuah cerita tentang keluarga mereka, tanpa menulis nama mereka dalam cerita itu. Setelah itu kumpulkan, lalu bagikan kembali secara acak. Minta mahasiswa menebak keluarga siapa itu dengan bertanya kepada teman-teman.

Kosakata

anggota	*member*
beasiswa	*scholarship*
dapat	*to get, obtain*
gratis	*free*
hadiah	*gift*
hari H	*on the specified day*
hujan	*rain*
menjawab	*to answer*
pernah	*ever, (at least) once (in the past)*
saudara	*sibling*
sayang sekali	*it's a pity, too bad*
terkenal	*well-known, famous*
terpisah	*be separated*
umur	*age*
waktu	*when*

Cultural Notes

Telephones and short message service (SMS)

Cell phones or hand phones, as they are called in Indonesia, are ubiquitous because they are available at reasonable rates and offer excellent service throughout the nation, even in the rural areas. Most customers have short message service (SMS) on their phones because messaging is generally cheaper than making a phone call. SMS is also more convenient because one does not need to worry about interrupting the person called. Hand phones are no longer a luxury item but a necessity for many workers in both urban and rural settings. Throughout Indonesia it is common to see people busily texting friends, relatives, and business associates.

Inquiring about family

As is evidenced in this lesson's dialogue, it is common to ask friends and acquaintances about family members. It is considered polite to ask about personal matters such as someone's marital status or whether he or she has any children. These questions are meant to show friendly interest and concern as well as build connections for further conversation.

Asking how many siblings someone has

In Indonesian there are two ways to ask how many siblings someone has: *Dian berapa bersaudara?* or *Dian punya berapa saudara?* The first pattern with *berapa bersaudara* is more formal and means "How many siblings are you (altogether)?" Thus, if one has two siblings, one would answer, *Saya tiga bersaudara.* This means that you are three siblings altogether. The second pattern, "*Dian punya berapa saudara?*" is more informal. The question is "How many siblings do you (Dian) have?" If Dian has two siblings, she will answer, *Saya punya dua saudara.* The verb *punya* literally means to own or to have and is usually used with alienable items. Thus, the verb *punya* is usually used with items that one can acquire or lose such as a car or house, not family members. Despite this, in colloquial speech *punya* is frequently used when asking about siblings.

Apendiks G.4

Lembar instruksi

1. Carilah di antara teman-teman siapa yang menjadi kakak dan adik Anda. Perempuan atau laki-laki?

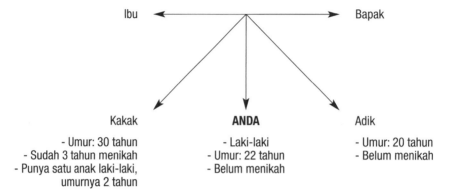

Kakak
- Umur: 30 tahun
- Sudah 3 tahun menikah
- Punya satu anak laki-laki, umurnya 2 tahun

ANDA
- Laki-laki
- Umur: 22 tahun
- Belum menikah

Adik
- Umur: 20 tahun
- Belum menikah

2. Carilah di antara teman-teman siapa saja yang menjadi adik Anda. Perempuan atau laki-laki?

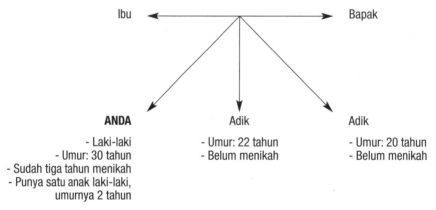

ANDA
- Laki-laki
- Umur: 30 tahun
- Sudah tiga tahun menikah
- Punya satu anak laki-laki, umurnya 2 tahun

Adik
- Umur: 22 tahun
- Belum menikah

Adik
- Umur: 20 tahun
- Belum menikah

3. Carilah di antara teman-teman siapa saja yang menjadi kakak Anda. Perempuan atau laki-laki?

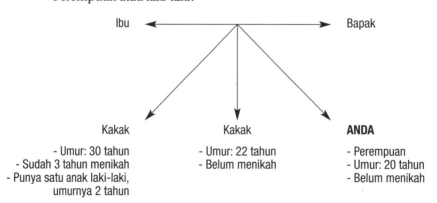

Kakak
- Umur: 30 tahun
- Sudah 3 tahun menikah
- Punya satu anak laki-laki, umurnya 2 tahun

Kakak
- Umur: 22 tahun
- Belum menikah

ANDA
- Perempuan
- Umur: 20 tahun
- Belum menikah

4. Carilah di antara teman-teman Anda siapa saja yang menjadi kakak Anda. Perempuan atau laki-laki?

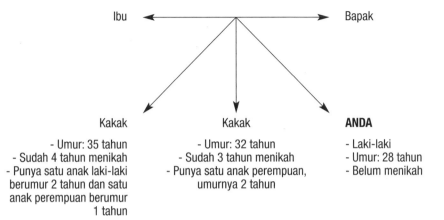

Ibu ← → Bapak

Kakak	Kakak	**ANDA**
- Umur: 35 tahun	- Umur: 32 tahun	- Laki-laki
- Sudah 4 tahun menikah	- Sudah 3 tahun menikah	- Umur: 28 tahun
- Punya satu anak laki-laki berumur 2 tahun dan satu anak perempuan berumur 1 tahun	- Punya satu anak perempuan, umurnya 2 tahun	- Belum menikah

5. Carilah di antara teman-teman Anda siapa saja yang menjadi kakak dan adik Anda? Perempuan atau laki-laki?

Ibu ← → Bapak

Kakak	**ANDA**	Adik
- Umur: 35 tahun	- Perempuan	- Umur: 28 tahun
- Sudah 4 tahun menikah	- Umur: 32 tahun	- Belum menikah
	- Sudah 3 tahun menikah	

6. Carilah di antara teman-teman Anda siapa saja yang menjadi adik Anda? Perempuan atau laki-laki?

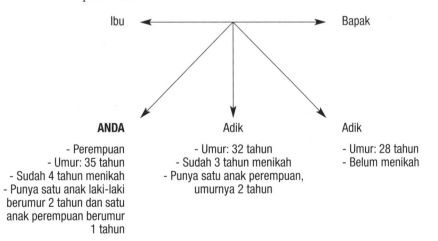

Ibu ← → Bapak

ANDA	Adik	Adik
- Perempuan	- Umur: 32 tahun	- Umur: 28 tahun
- Umur: 35 tahun	- Sudah 3 tahun menikah	- Belum menikah
- Sudah 4 tahun menikah	- Punya satu anak perempuan, umurnya 2 tahun	
- Punya satu anak laki-laki berumur 2 tahun dan satu anak perempuan berumur 1 tahun		

Apendiks A.13

Mahasiswa A: Anda bertamu ke rumah pacar, tapi dia tidak ada di rumah. Anda menunggu. Di situ ada ibu/bapaknya. Sambil menunggu, jawablah pertanyaan-pertanyaan mereka. Akhirnya Anda pamit dan mengatakan akan datang lagi besok sorenya.

Apendiks B.13

Mahasiswa B: Anak Anda sedang pergi ke luar. Pacarnya datang ke rumah. Anda ingin tahu mengenai keluarganya. Anda memulai percakapan. Sesudah selesai bercakap-cakap, anak Anda belum datang juga. Besok sore, anak Anda harus ke luar kota.

Pelajaran 5.3: Warna Favorit

Pakaian sehari-hari mahasiswa Indonesia

In this lesson you will learn:

- How to describe clothes and ask about size.

  Model dan warna blus Mbak Ria bagus sekali.
  Pingkan memakai sepatu ukuran berapa?

- How to talk about colors.

  Saya senang warna biru.
  Saya mau beli sepatu yang warnanya hitam.

- How to give an explanation.

  Sebenarnya Teguh mau datang, tetapi dia masih harus membuat PR.

123

Dialog

Pingkan dan Dian akan ke mal. Mereka sedang menunggu Toni dan Teguh.

Pingkan: Dian, mau beli apa nanti di mal?

Dian: Mau beli blus seperti yang dipakai Mbak Ria kemarin.

Pingkan: Iya. Model dan warna blus Mbak Ria bagus sekali.

Dian: Kalau Pingkan senang warna apa?

Pingkan: Saya senang warna biru, seperti warna blus Mbak Ria itu…O, iya, saya mau beli sepatu yang warnanya hitam di mal. Sepatu saya sudah rusak.

Dian: Pingkan memakai sepatu ukuran berapa?

Pingkan: Ukuran 39. Kemarin saya sudah lihat sepatu itu di mal…

Toni: Hai Dian, Pingkan!

Dian: Hai Toni. Mana Teguh, mengapa dia tidak datang?

Toni: Maaf Dian. Sebenarnya Teguh mau datang, tetapi dia masih harus membuat PR.

Lisan – Seluruh kelas

Pemahaman: Jawablah pertanyaan ini.

1. Apa warna kesukaan Pingkan?

2. Pingkan memakai sepatu ukuran berapa?

3. Apakah Teguh mau datang ke rumah Dian? Mengapa dia tidak datang?

Ayo Berlatih!

Tertulis – Berpasangan

Latihan 1

A. Bacalah deskripsi ini dan tuliskan nama orang di bawah ilustrasi yang sesuai.

1. John memakai pakaian formal. Dia harus memakai jas dan dasi.

2. Bob memakai kemeja lengan panjang dan celana panjang. Dia memakai kacamata, dia tidak senang memakai lensa kontak.

3. Martin memakai celana pendek, kaos dan jaket. Dia senang memakai kaos kaki dan sepatu.

4. Nita memakai blus lengan pendek dan rok. Dia memakai sandal, dia tidak senang memakai sepatu.

B. Lihatlah lagi deskripsi orang-orang di atas. Tulis apa saja yang mereka pakai.

1. _____   8. _____

2. _____   9. _____

3. _____   10. _____

4. _____   11. _____

5. _____   12. _____

6. _____   13. _____

7. _____   14. _____

Lisan – Berpasangan

Latihan 2: Baca cerita di bawah ini dan warnailah ilustrasi sesuai dengan ceritanya.

Pingkan punya seekor anjing, namanya Blacky, karena warnanya hitam. Setiap hari Pingkan membawa Blacky jalan-jalan di taman. Blacky sudah tahu bagaimana harus menyeberangi jalan, kalau lampu merah dia duduk menunggu di pinggir jalan. Kalau lampunya hijau, dia segera lari menyeberang jalan. Sampai di taman, Blacky duduk di dekat pohon jeruk lemon dengan buahnya yang berwarna kuning. Sesudah itu dia berlari ke belakang taman, di situ ada laut dengan airnya yang berwarna biru. Kalau Blacky melihat laut, dia menggonggong " guk…guk…guk…guk…," dan terlihatlah giginya yang berwarna putih. Ya…gigi Blacky putih sekali, karena Pingkan menggosok gigi Blacky setiap hari.

1.
2.
3.
4.

Latihan 3: Lengkapilah tabel ini. Tanyalah teman berapa ukuran pakaian dan sepatunya dan apa warna kesukaannya. Pakailah fungsi '…memakai…ukuran berapa?' dan '…senang warna apa?'

| Nama teman | Pakaian | | Sepatu | | Warna favorit |
	Warna	Ukuran	Warna	Ukuran	

Latihan 4: Lengkapilah dialog ini. Pakailah fungsi 'Sebenarnya…, tetapi…'

Sari:	Anda mau pergi ke mal di Malioboro?
Linda:	Sebenarnya _____,
	tetapi _____. Sari
	senang belanja, ya?
Sari:	Sebenarnya _____,
	tetapi _____. Apa
	pacar Anda juga pergi belanja dengan Anda?
Linda:	Sebenarnya _____,
	tetapi _____.

Ayo Berkomunikasi!

Latihan 5 – Main peran

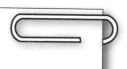

Petunjuk guru:

Berikan kertas-kertas berwarna kepada setiap mahasiswa A yang berperan sebagai konsultan mode.

Situasi: Konsultan mode dan pelanggannya.

Mahasiswa A1: Anda seorang konsultan mode dan juga penjual pakaian dan sepatu. Buatlah dialog dengan klien Anda. Pakailah kertas-kertas berwarna yang diberikan guru.

Mahasiswa B1: Anda akan pergi ke pesta pernikahan bulan depan. Tanyakan pada konsultan mode, pakaian dan sepatu apa yang cocok untuk pesta pernikahan itu. Anda memulai percakapan.

Mahasiswa A2: Anda konsultan mode dan juga penjual pakaian dan sepatu. Buatlah dialog dengan klien Anda. Pakailah kertas-kertas berwarna yang diberikan guru.

Mahasiswa B2: Anda akan berceramah di sebuah universitas terkenal bulan depan. Tanyakan pada konsultan mode Anda, pakaian dan sepatu apa yang cocok untuk dipakai pada ceramah itu. Anda memulai percakapan.

Mahasiswa A3: Anda konsultan mode dan juga penjual pakaian dan sepatu. Buatlah dialog dengan klien Anda. Pakailah kertas-kertas berwarna yang diberikan guru.

Mahasiswa B3: Anda ada wawancara dengan sebuah perusahaan bulan depan. Tanyakan pada konsultan mode, pakaian dan sepatu apa yang cocok untuk wawancara itu. Anda memulai percakapan.

Kosakata

blus	*blouse*
celana	*pants*
ceramah	*lecture, talk*
berceramah	*to give a lecture or talk*
cocok	*fit, go well with something*
jalan-jalan	*take/go for a walk/drive*
kacamata	*glasses, spectacles*
kaos oblong, T-shirt	*T-shirt*
kaos kaki	*socks*
kemarin	*yesterday*
kemeja	*shirt*
klien	*client*
laut	*sea*
lari, berlari	*to run*
lengan pendek	*short sleeve*
memakai	*to wear*
membawa	*to take, bring*
menggonggong	*to bark*
menggosok gigi	*brush one's teeth*
menyeberang	*to cross over something*
pakaian	*clothes*
pelanggan	*costumer*
pernikahan	*wedding*
pinggir	*edge, side*
pohon	*tree*
rok	*skirt, dress*
rusak	*worn-out, not usable*
sebenarnya	*actually, in fact*
seekor	*classifier for animals*
segera	*immediately, at once, right away*
sepatu	*shoe*
setiap	*each, every*
taman	*garden*
tetapi/tapi	*but*
ukuran	*size*
wawancara	*interview*
Warna	***Colors***
biru	*blue*
hijau	*green*
hitam	*black*
kuning	*yellow*
merah	*red*
putih	*white*

Cultural Notes

Shopping for clothes and using a seamstress

There is ready availability of factory-made clothes in the markets and stores in Indonesia. In general, only middle- and upper-class customers can afford to employ a seamstress to make clothes for a special occasion such as a graduation, wedding, engagement party, the Hari Raya Lebaran celebration, or to make a uniform for school or a club. Those who are economically less well off generally buy ready-made clothes. An affluent family might have a seamstress make clothes for every member of the family using the same pattern of cloth for a special occasion. A seamstress is also used to make clothes for groups such as the church choir, women's club, or sports group. The uniform clothing is worn when the group performs or travels together; this supports group camaraderie and solidarity. Government and some private schools have uniforms for teachers, staff, and students that are made by seamstresses. Thus, it is common to see groups of people in similar outfits throughout Indonesia.

Bab 6
Rencana ke Luar Kota

Teguh and his friends are going to Solo to participate in an arts festival for college students. At their meeting to make plans and itineraries, they discuss what to do during their free time after they have performed at the festival. Teguh suggests going to a *wayang* performance, but Dian recommends going to a market.

Where do you like to go and what activities do you like to do when visiting another city?

Pelajaran 6.1: Rapat

Rapat mahasiswa

In this lesson you will learn:

- How to apologize and provide an excuse.

  Maaf, saya terlambat. *Tadi* saya harus bertemu dengan dosen pembimbing dan pertemuannya lama sekali.

- How to accept an apology and make little of the inconvenience.

  Tidak apa-apa. Kami belum lama mulai, *kok.*

- How to offer a suggestion based on an opinion.

  Tahun yang lalu kita berangkat beberapa hari sebelumnya. Tapi **saya kira** rencana itu kurang efektif **karena** terlalu banyak waktu luang. **Jadi, bagaimana kalau** kita berangkat sehari sebelum acara pembukaan dimulai.

- How to agree and disagree.

  Saya setuju, ...
  Saya kurang setuju, ...

- How to state a conclusion.

  Kalau begitu, kita berangkat dua hari sebelum acara pembukaan.

Dialog

Pekan Seni Mahasiswa Tingkat Nasional akan diadakan di Solo bulan depan. Sore itu ada rapat untuk mendiskusikan rencana perjalanan ke Solo. Teguh datang terlambat.

Teguh: Maaf, saya terlambat. Tadi saya harus bertemu dengan dosen pembimbing. Aduh, pertemuannya lama sekali.

Satrio: Tidak apa-apa. Kami belum lama mulai, kok. Eh, sampai di mana tadi?

Dian: Diskusi tentang rencana perjalanan ke Solo. Apakah kita akan berangkat beberapa hari sebelum acara pembukaan atau sehari sebelumnya?

Teguh: Tahun yang lalu kita berangkat beberapa hari sebelumnya. Tapi saya kira rencana itu kurang efektif karena terlalu banyak waktu luang. Jadi, bagaimana kalau kita berangkat sehari sebelum acara pembukaan dimulai?

Satrio: Saya setuju.

Pingkan: Saya kurang setuju. Saya perlu istirahat sebelum tampil di acara kesenian. Kan, perjalanan ke Solo cukup jauh.

Teguh: Kalau begitu, kita berangkat dua hari sebelum acara pembukaan. Bagaimana?

Lisan – Seluruh kelas

Pemahaman: Jawablah pertanyaan di bawah ini.

1. Mengapa Teguh terlambat?

2. Apakah Satrio marah karena Teguh terlambat?

3. Mengapa mereka harus mengevaluasi lagi jadwal keberangkatan mereka?

4. Mengapa Pingkan kurang setuju dengan pendapat Teguh dan Satrio?

Ayo Berlatih!

Lisan – Berpasangan

Latihan 1: Baca situasi dan lihat gambar ini, lalu buatlah dialog. Pakailah fungsi:

Mahasiswa B: 'Maaf, ... Tadi ...'
Mahasiswa A: 'Tidak apa-apa ..., kok.'

Contoh:

Situasi: Mahasiswa A dan mahasiswa B janji bertemu jam 12:00 untuk makan siang. Tapi mahasiswa B datang jam 12:15.

Mahasiswa B: Maaf, saya terlambat. Tadi saya harus menunggu bus lama sekali.
Mahasiswa A: Tidak apa-apa. Saya belum lama menunggu, kok.

1. Situasi: Mahasiswa A dan mahasiswa B ada kerja kelompok. Mahasiswa B terlambat menyelesaikan tugas. Mahasiswa B minta maaf kepada mahasiswa A.

2. Situasi: Mahasiswa A janji untuk bertemu mahasiswa B di mal. Tapi mahasiswa A belum datang karena ada tamu di rumahnya. Dia telepon untuk minta maaf.

3. Situasi: Mahasiswa B janji untuk menonton film dengan mahasiswa A jam 17:00. Tapi mahasiswa B tidak jadi ikut. Mahasiswa B minta maaf.

4. Situasi: Mahasiswa A janji untuk bertemu dengan mahasiswa B. Tapi mahasiswa A tidak datang. Dia minta maaf.

Latihan 2: Berilah tanggapan terhadap setiap situasi di bawah ini dengan memakai fungsi 'Saya kira…' dan 'Jadi, bagaimana kalau…' Mahasiswa A bisa memberi situasi dan mahasiswa B memberi tanggapan.

Contoh:
Situasi: Menelepon dosen jam 9 malam

Mahasiswa A: Saya tidak mengerti PR hari ini. Saya mau menelepon dosen saya sekarang.

Mahasiswa B: Saya kira ini sudah terlalu malam. Jadi, bagaimana kalau Anda pergi ke kantor dia besok?

Situasi:

1. Naik mobil dari Jakarta ke Solo (Jakarta – Solo = ±1242 km)

2. Pergi makan malam dengan pacar teman Anda

3. Memakai internet kantor untuk mengirim email ke keluarga, teman, dan pacar.

4. Diskusi tentang proyek/PR dengan teman di warung kopi.

Lisan – Seluruh kelas

Latihan 3 – Survei: Dengarkan petunjuk guru. Pakailah fungsi 'Setuju/kurang setuju…' dan 'Kalau begitu…'

Petunjuk guru:

1. Minta mahasiswa membuat survei tentang topik-topik dalam tabel ini.

2. Setelah itu bagi mereka ke beberapa kelompok. Dalam kelompok, mereka mendiskusikan hasil survei dan membuat kesimpulan, misalnya, 90% mahasiswa setuju kalau membuat PR itu berguna. Alasannya…

3. Kemudian, tiap kelompok melaporkan hasil kelompok mereka masing-masing. Akhirnya, seluruh kelas harus membuat satu kesimpulan memakai 'kalau begitu', misalnya, "Kalau begitu kita harus ada PR setiap hari."

Topik	*Setuju/kurang setuju*	*Alasan*
Di kelas bahasa Indonesia boleh berbahasa Inggris.		
Membuat PR itu baik dan berguna.		
Harus datang ke kuliah (kehadiran itu penting).		
Belajar bahasa bisa lewat komputer saja.		

Ayo Berkomunikasi!

Lisan – Berkelompok

Latihan 4 – Diskusi: Dengarkan petunjuk guru.

Petunjuk guru:

1. Bagi mahasiswa ke dalam 2 kelompok:
   Kelompok A: Sebagai mahasiswa. Tidak setuju ada kenaikan uang kursus. Jadi kalian mencoba untuk menawar harga uang kursus itu.
   Kelompok B: Sebagai pengurus sekolah. Berikan alasan kenaikan uang kursus itu.

2. Mereka harus mendiskusikannya dan membuat kesepakatan.

Situasi: Mahasiswa-mahasiswa di sebuah tempat kursus bahasa Indonesia mendapat memo tentang kenaikan uang kursus.

MEMO

2 Agustus 2011

Kepada siswa-siswa,
Mulai tanggal 1 Oktober 2011, uang kursus bahasa Indonesia akan dinaikkan menjadi Rp.350.000,- per bulan.

Tertanda,

Bapak Zainuddin
(Direktur)

Lisan – Berpasangan

Latihan 5 – Main peran

Situasi: Di kantor dosen bahasa Indonesia.

Mahasiswa A: Lihatlah Apendiks A.14.
Mahasiswa B: Lihatlah Apendiks B.14.

Kosakata

alasan	*cause, reason*
beberapa	*some, several*
berguna	*to be useful*
dosen pembimbing	*advisor*
istirahat	*break, recess*
beristirahat	*to rest, take a break*
jadi	*so, therefore*
kehadiran	*presence*
kenaikan	*increase, hike, boost*
kok	*a particle that (when it follows the predicate) expresses disagreement with what the interlocutor has said or implied*
kursus	*course*
lewat	*via, to go by way of*
marah	*annoyed, angry*
minta maaf	*to apologize*
mulai	*to start*
pekan	*week*
pembukaan	*opening*
pendapat	*opinion*
penting	*important*
perjalanan	*trip, journey*
pertemuan	*meeting*
rencana	*plan*
sebelum	*before*
seni	*art*
setuju	*to agree*
sibuk	*busy*
tadi	*just now, earlier, before*
tadi siang	*this past midday*
tampil	*to appear, perform*
tentang	*about*
terlambat	*late*
tidak apa-apa	*it's okay, it's no problem*
tingkat	*level*
ujian susulan	*make-up exam*
yang lalu	*the previous one, last*
waktu luang	*spare time*

Cultural Notes

Apologizing

One should apologize for coming late to a meeting, especially if one has a leadership role; and it is expected that one will give an excuse. An acceptable excuse is that one was delayed because of an obligation to a superior (parent, teacher, or boss). One manner of accepting such an apology is to make little of the negative effects of the tardiness as is done by Satrio when he says, *Tidak apa-apa. Kami belum mulai, kok.*

Apendiks A.14

Mahasiswa A: Anda seorang mahasiswa. Kemarin Anda tidak ikut ujian bahasa Indonesia, karena ____. Sekarang Anda mau minta ujian susulan pada dosen. Anda memulai percakapan.

Apendiks B.14

Mahasiswa B: Anda seorang dosen. Kemarin ada ujian, tapi mahasiswa Anda tidak datang. Sekarang Anda sedang sibuk, tapi besok siang ada waktu.

Pelajaran 6.2: Alat Transportasi

Transportasi di kota besar

In this lesson you will learn:

- How to inquire about modes of transportation.

  A: *Naik apa kita ke Solo?*
  B: *Naik bus saja.*

- How to offer an alternative.

  Waduh, mahal. Naik bus saja, lebih murah.

- How to ask about fares.

  Berapa ongkos bus dari Bogor ke Solo?

- How to ask about the location to get on and off a mode of transportation.

  Di mana naiknya?
  Turunnya di mana?

- How to ask about the length of a trip.

  Berapa lama perjalanan dari Bogor ke Solo kalau naik bus?

Dialog

Teguh dan Dian mendiskusikan perjalanan ke Solo untuk festival kesenian.

Teguh:	Dian, naik apa kita ke Solo?
Dian:	Bagaimana kalau naik pesawat?
Teguh:	Waduh mahal. Naik bus saja, lebih murah.
Dian:	Berapa ongkos bus dari Bogor ke Solo?
Teguh:	Kalau sekali jalan Rp. 95.000,-. Jadi kalau pulang pergi ongkosnya Rp. 190.000,-.
Dian:	Di mana naiknya?
Teguh:	Naiknya di depan kantor biro perjalanan Tiara.
Dian:	Turunnya di mana?
Teguh:	Di terminal Tirtonadi Solo.
Dian:	Berapa lama perjalanan dari Bogor ke Solo kalau naik bus?
Teguh:	Kira-kira delapan jam.
Dian:	Wah, lama juga, ya.

Lisan – Seluruh kelas

Pemahaman: Jawablah pertanyaan ini.

1. Dian lebih suka naik alat transportasi apa ke Solo?

2. Teguh mau naik apa ke Solo? Mengapa?

3. Berapa lama perjalanan dari Bogor ke Solo kalau naik bus?

Ayo Berlatih!

Lisan – Berpasangan

Latihan 1: Tuliskan nomor yang sesuai pada ilustrasi-ilustrasi ini.

1. sepeda motor	**6.** sepeda
2. kereta api	**7.** bemo
3. pesawat terbang/kapal terbang	**8.** mobil
4. kapal laut	**9.** bus
5. becak	

Latihan 2: Bertanyalah pada teman. Pakailah fungsi 'Naik apa?', 'Di mana naiknya?,' dan 'Turun di mana?'

1. Anda orang baru di kota Anda. Isilah kolom A dalam tabel berikut dengan nama 3 tempat yang ingin Anda kunjungi. Lalu tanyakan pada teman Anda, ada alat transportasi apa saja untuk pergi ke tempat itu. Tulislah jawabannya dalam tabel di bawah ini.

A	B	C	D
Tempat-tempat	*Alat transportasi*	*Naik di* ____	*Turun di* ____
Solo	*bus*	*Terminal Giwangan, Yogyakarta*	*Terminal Tirtanadi, Solo*

2. Sekarang Anda berganti pasangan, dan diskusikanlah tabel itu dengan teman yang lain. Lihatlah tabel teman Anda. Berilah alternatif alat transportasinya dengan menggunakan 'Waduh…saja, lebih…'

   Contoh:
   Waduh, naik bus lama. Naik kereta ekspres saja, lebih cepat dan juga lebih nyaman.

Latihan 3 – Main peran: Lihatlah apendiks masing-masing. Pakailah fungsi 'Berapa ongkos…dari…ke…?'

Mahasiswa A: Anda turis. Lihatlah Apendiks A.15.
Mahasiswa B: Anda pegawai biro perjalanan. Lihatlah Apendiks B.15.

Latihan 4: Lihat tabel, lalu bertanyalah pada teman-teman. Pakailah 'Berapa lama perjalanan dari…ke…kalau naik…?'

Contoh:

Mahasiswa A:	Bisa naik apa saja dari rumah Anda ke kampus?
Mahasiswa B:	O, bisa naik bus atau taksi.
Mahasiswa A:	Berapa lama perjalanan dari rumah Anda ke kampus kalau naik bus?
Mahasiswa B:	Kira-kira satu jam.
Mahasiswa A:	Kalau naik taksi, berapa lama perjalanannya?
Mahasiswa B:	O, kalau naik taksi hanya setengah jam.

Bisa naik apa saja ___?	*Alat transportasi*	*Lama perjalanan*
dari rumah ke kampus		
dari kampus ke rumah makan		
dari airport ke rumah		
dari Indonesia ke Jerman		
dari Jakarta ke Bali		

Latihan 5: Lengkapilah tabel ini dengan mewawancarai teman Anda. Pakailah fungsi 'Naik apa…ke…?', 'Berapa ongkos…dari…ke…?', dan 'Berapa lama perjalanan dari…ke…?'

Wawancarailah teman. Tanyakan dia pernah naik alat transportasi apa saja, pergi ke mana, berapa ongkosnya, dan berapa lama perjalanannya. Lihat contoh di tabel.

Alat transportasi	*Tujuan*	*Ongkos*	*Lama Perjalanan*
Pesawat terbang	Singapura–Jakarta	Rp. 875.000 (sekali jalan)	1 jam 40 menit

Ayo Berkomunikasi!

Lisan – Berkelompok kecil

Latihan 6: Diskusi dan presentasi.

Situasi: Dari Yogya, Anda dan dua teman mau mengikuti konferensi di Surabaya selama lima hari. Biaya hotel satu malam: Rp.250.000/per kamar. Anggaran kalian Rp. 600.000,-. Paman teman Anda tinggal di Surabaya.

Lihat informasi dalam tabel berikut ini. Diskusikan dan buatlah rencana untuk:

1. ongkos alat transportasi

2. lama perjalanan

3. tempat tinggal selama di Surabaya

Berikan alasan: mau naik…karena…; mau tinggal di…karena…

Alat transportasi	*Ongkos*		*Berangkat*	*Tiba*
	sekali jalan	*pulang pergi*		
	Rp.55.000,-	Rp.110.000,-	jam 05.15	jam 13.45
	Rp.85.000,-	Rp.170.000,-	jam 07.20	jam 12.30
	Rp.200.000,-	Rp.400.000,-	jam 11.00	jam 11.55

Kosakata

anggaran	*budget*
biaya	*cost, expense, fee*
biro perjalanan	*travel agent*
cepat	*fast, quick*
kalian	*you all (used for people of the same or lower status)*
kesenian	*arts*
kunjungi	*to visit, see*
naik	*1. to travel by, take, ride; 2. to go by*
ongkos	*cost, price*
pulang pergi	*round trip*
sekali jalan	*one way*
selama	*for (duration of time)*
tujuan	*destination*
turun	*to disembark, get off, get down*

Cultural Notes

Group trips out of town

It is common for university clubs as well as others to organize group trips to attend seminars, conferences, or performances. For those living in Java, group travel often entails an overnight bus ride because it is usually the least expensive means of transportation. It is culturally acceptable to discuss the price of various components of the trip and to voice one's opinion about the value of spending time or money. In general, travel time is not viewed as burdensome because it is viewed as enjoyable time with friends.

Apendiks A.15

Mahasiswa A: Anda ingin tahu ongkos alat transportasi dari Yogyakarta ke Jakarta. Tanyakan informasi tersebut pada pegawai di biro perjalanan. Buatlah dialog dan tulislah jawabannya dalam tabel berikut ini.

Alat transportasi	Ongkos	
	sekali jalan	*pulang pergi*
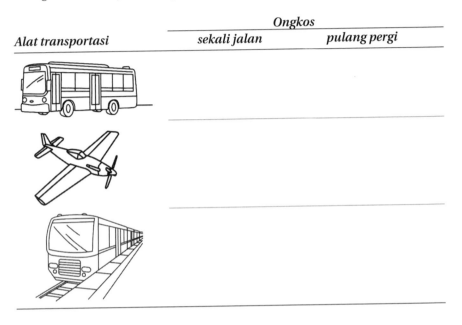		

Apendiks B.15

Mahasiswa B: Anda pegawai biro perjalanan. Jawablah pertanyaan turis berdasarkan tabel berikut ini.

Alat transportasi	Ongkos	
	sekali jalan	*pulang pergi*
kereta	Rp.190.000,-	Rp.380.000,-
bus	Rp.115.000,-	Rp.230.000,-
pesawat	Rp.325.000,-	Rp.650.000,-

Pelajaran 6.3: Jadwal Kegiatan

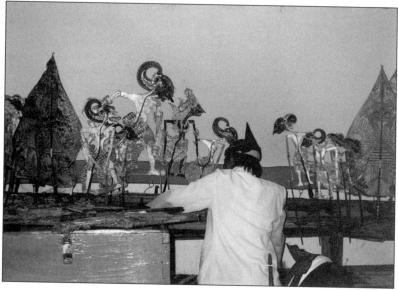

Kesenian wayang

In this lesson you will learn:

- How to talk about an itinerary.

  Hari pertama, pembukaan festival kesenian. Hari kedua, ...

- How to make a suggestion and how to agree with the suggestion.

  A: *Bagaimana kalau kita pergi ke pasar Solo?*
  B: *Boleh. / Baiklah.*

- How to offer an alternative suggestion.

  Boleh juga, sih. Atau, bagaimana kalau kita pergi ke pasar Solo?

- How to ask about store/office hours.

  Toko-toko di sana buka jam berapa? Tutupnya jam berapa?

Dialog

Teguh dan Dian membicarakan jadwal kegiatan mereka selama di Solo.

Teguh: Dian, apa saja kegiatan kita di Solo nanti?

Dian: Hari pertama, pembukaan festival kesenian. Hari kedua, perlombaan paduan suara. Kelompok kita menyanyi siang hari. Hari ketiga, acara bebas. Kita bisa ke mana saja.

Teguh: Bagaimana kalau kita menonton wayang orang pada hari ketiga?

Dian: Boleh juga, sih. Atau, bagaimana kalau kita pergi ke pasar Solo? Saya mau membeli oleh-oleh beberapa kain batik untuk ibu.

Teguh: Boleh. Toko-toko di sana buka jam berapa?

Dian: Kalau tidak salah, mereka buka pagi-pagi sekali.

Teguh: Tutupnya jam berapa, ya?

Dian: Saya kira jam sembilan malam.

Lisan – Seluruh kelas

Pemahaman: Jawablah pertanyaan ini.

1. Apa kegiatan Teguh dan Dian pada hari pertama di Solo nanti?

2. Kapan perlombaan paduan suaranya?

3. Mereka akan pergi ke mana pada hari ketiga?

Ayo Berlatih!

Lisan – Berpasangan

Latihan 1 – Diskusi: Pakailah fungsi 'Hari pertama…hari kedua…'

Situasi: Bulan depan Anda dan teman Anda akan berkunjung ke Bali, Indonesia selama empat hari. Anda punya teman yang tinggal di Bali. Namanya Ani. Hari ini Anda menerima email dari Ani yang berisi informasi tentang kegiatan atau aktivitas yang bisa dilakukan di Bali:

Halo!

Apa kabar? Wah, senang sekali kita bisa bertemu bulan depan! Kita bisa jalan-jalan di Bali! Di bawah ini ada jadwal-jadwal kegiatan di Bali yang bisa kita lakukan bersama. Banyak sekali kegiatannya, misalnya:

- Makan siang di Denpasar & pergi ke museum kesenian Bali
- Pergi ke pantai Kuta untuk berenang dan jalan-jalan
- Makan di restoran khas Bali dan menonton tarian Bali di Sanur Beach Hotel pada jam 8 malam
- Jalan-jalan ke Gunung Batur (ini hanya bisa dilakukan pada siang hari)
- Pergi ke desa nenek saya di daerah Ubud (pagi hari lebih baik)

- Pergi ke Nusa Dua untuk berekreasi air
- Pergi ke Pura Besakih
- Pergi ke mal di Denpasar
- Makan di warung di pantai Sanur
- Beli oleh-oleh di pasar tradisional Bedugul (pasar tradisional tutup jam 6 malam)
- Pergi ke kota Singaraja (perjalanan ke sana makan waktu dua jam)
- Menonton tarian tradisional di desa Batu Bulan pada jam 7 malam

Mungkin kita bisa melakukan tiga aktivitas per hari. Kamu mau ke mana saja selama empat hari nanti? Tolong email saya ya.

Salam hangat,
Ani

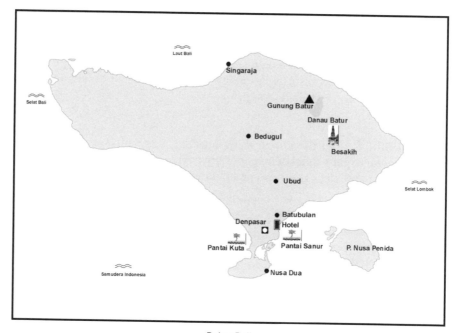

Pulau Bali

Tugas: Diskusikanlah jadwal Anda selama empat hari di Bali. Sesudah itu, tulislah email kepada Ani. Bacakanlah email Anda di depan kelas.

Lisan – Berpasangan

Latihan 2 – Main peran

Mahasiswa A: Pakailah fungsi 'Bagaimana kalau...'

Mahasiswa B: Pakailah fungsi 'Boleh juga, sih. Atau bagaimana kalau...'

Situasi 1:

Mahasiswa A: Anda mengusulkan untuk pergi berbelanja. Anda memulai percakapan.

Mahasiswa B: Anda tidak senang berbelanja. Anda lebih senang menonton film di bioskop.Berilah tanggapan terhadap ajakan teman.

Situasi 2:

Mahasiswa A: Anda mengusulkan untuk pergi ke pantai. Anda memulai percakapan.

Mahasiswa B: Anda senang jalan-jalan di mal. Anda tidak senang ke pantai. Berilah tanggapan terhadap ajakan teman.

Situasi 3:

Mahasiswa A: Anda mengusulkan untuk belajar di perpustakaan.

Mahasiswa B: Anda lebih senang belajar di rumah. Berilah tanggapan terhadap ajakan teman.

Situasi 4:

Mahasiswa A: Anda mengusulkan untuk makan siang di kantin sekolah.

Mahasiswa B: Anda lebih senang makan di rumah. Berilah tanggapan terhadap ajakan teman.

Lisan – Berpasangan

Latihan 3: Lihat apendiks masing-masing. Jangan lihat apendiks teman. Lalu, lengkapilah tabel dengan bertanya pada teman. Pakailah fungsi '...buka jam berapa?' dan 'Tutupnya jam berapa?'

Mahasiswa A: Lihatlah Apendiks A.16.

Mahasiswa B: Lihatlah Apendiks B.16.

Ayo Berkomunikasi!

Lisan – Berkelompok kecil

Latihan 4: Membuat brosur wisata. Kerjakan proyek kecil di bawah ini.

Langkah-langkah:

1. Pilihlah sebuah kota di negara Anda.

2. Carilah informasi tentang tempat-tempat menarik di kota itu.

3. Buatlah sebuah brosur wisata untuk mempromosikan kota pilihan Anda, berisi agenda kegiatan dan anggaran selama empat hari tinggal di sana.

4. Presentasikanlah brosur Anda di kelas.

5. Kelompok lain menjadi turis dan memilih satu kota yang mau dikunjungi. Berilah alasan mengapa.

Kosakata

ajakan	*invitation*
bebas	*free*
brosur	*brochure*
kain batik	*batik cloth*
kalau tidak salah	*if I'm not mistaken*
kedua	*second*
kelompok	*group*
ketiga	*third*
melakukan	*to do*
mengusulkan	*to suggest*
menyanyi	*to sing*
oleh-oleh	*small gift*
paduan suara	*choir*
pasar swalayan	*supermarket*
perlombaan	*competition*
pertama	*first*
tanggapan	*response*
tempat penukaran uang	*money changer*
terhadap	*concerning, regarding, about*
tutup	*to close*
wayang orang	*dance-drama using actors*
wayang kulit	*shadow play performance using flat leather puppets*
wisata	*trip, tour*

Cultural Notes

Wayang orang

Wayang orang is a Javanese dance-drama in which actors reenact the Hindu epic stories portrayed on the reliefs of the ninth-century Borobudur and Prambanan temples in Central Java. These same stories may be told using leather shadow puppets or *wayang kulit*. There are *wayang orang* groups in all of the large cities of Java, but Solo is renowned for the *wayang orang* dance-dramas that are accompanied by the gamelan orchestra and singing in Javanese. Although in some cities this traditional entertainment does not find large audiences, it remains an important tradition that still draws sufficient interest. In the first decade of the twenty-first century, there were twenty to thirty professional *wayang orang* troupes in the major cities of Java.

The use of *kamu*

In exercise 1 of this lesson, note that the second person pronoun *kamu* is used in the e-mail from Ani to her friend. *Kamu* is commonly used among people of equal social status to indicate a close relationship. *Kamu* may also be used by someone of higher status to someone of lower status.

Apendiks A.16

Mahasiswa A

Nama tempat	Buka (jam)	Tutup (jam)
Bank Rakyat Indonesia	09.00	＿＿
museum	＿＿	17.00
Taman Mini Indonesia Indah	＿＿	19.15
tempat penukaran uang	11.00	＿＿
pasar swalayan	＿＿	20.45

Apendiks B.16

Mahasiswa B

Nama tempat	Buka (jam)	Tutup (jam)
Bank Rakyat Indonesia	＿＿	15.30
museum	08.30	＿＿
Taman Mini Indonesia Indah	09.00	＿＿
tempat penukaran uang	＿＿	21.30
pasar swalayan	09.45	＿＿

Bab 7
Jatuh Sakit

Although Pingkan has a fever and is nauseous, she has not gone to see a doctor because she is worried about her upcoming exam and doesn't want to miss class. Dian urges Pingkan to go to the clinic and recommends that she see Dr. Budiman, Dian's family doctor. Pingkan decides to contact the clinic and make an appointment. After seeing the doctor, she is relieved to find out that she does not have typhoid fever.

How do you deal with illness? Do you prefer to use traditional or alternative remedies rather than seeking medical assistance? Do you have health insurance in your country?

Pelajaran 7.1: Gejala Sakit Flu

Berstirahat waktu sakit

In this lesson you will learn:

- How to inquire about an illness.

  Sakit apa?

- How to describe an illness.

  *Badan **rasanya panas dingin, kepala pusing dan perut mual.***

- How to express sympathy by offering a suggestion.

  ***Kalau masih** sakit, **kenapa tidak** istirahat **saja** di rumah?*

- How to express one's worries.

  ***Saya takut kalau** nanti ujian saya jelek.*

- How to ask for a recommendation.

  ***Apa** Dian **bisa menyarankan** dokter yang bagus?*

158

Dialog

Dian bertemu dengan Pingkan di kelas.

Dian: Eh, wajah Pingkan pucat sekali.

Pingkan: Iya, tadi malam saya sakit. Sampai sekarang belum sembuh.

Dian: Sakit apa?

Pingkan: Tidak tahu. Badan rasanya panas dingin, kepala pusing dan perut mual. Sekarang sudah mendingan, tapi kepala saya masih sedikit pusing.

Dian: Kalau masih sakit, kenapa tidak istirahat saja di rumah?

Pingkan: Saya tidak mau bolos kuliah karena minggu depan ada ujian.

Dian: Aduh, tapi kesehatan lebih penting.

Pingkan: Saya takut kalau nanti ujian saya jelek.

Dian: Pingkan sudah pergi ke dokter?

Pingkan: Belum. Apa Dian bisa menyarankan dokter yang bagus?

Dian: Keluarga saya sering periksa ke dokter Budiman. Saya punya kartu namanya.... Ah, ini dia, Dokter Budiman. Dia dokter umum yang mahir sekali.

Lisan – Seluruh kelas

Pemahaman: Jawablah pertanyaan ini.

1. Deskripsikan penyakit Pingkan.

2. Mengapa Pingkan tidak mau bolos kuliah?

3. Apa Dian bisa merekomendasikan dokter untuk Pingkan? Siapa?

Persiapan

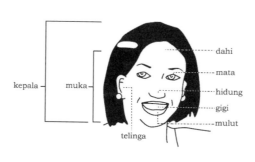

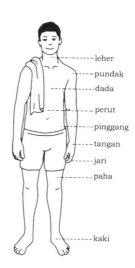

Ayo Berlatih!

Lisan – Berkelompok kecil

Latihan 1 – Permainan: Dengarkan petunjuk guru.

Petunjuk guru:

1. Perkenalkan bagian-bagian tubuh yang ada di atas.

2. Minta mahasiswa untuk berdiri membentuk sebuah lingkaran. Lalu, guru minta mahasiswa untuk menyentuh bagian tubuh yang disebutkan oleh guru/salah satu mahasiswa.

Lisan – Berpasangan

Latihan 2

A.

Lengkapilah tabel ini.

Flu, pilek, malaria, diare, radang tenggorokan, masuk angin

Gejala	*Penyakit*
Demam tinggi	
Bersin, hidung tersumbat	
Tenggorokan infeksi dan sakit	
Badan panas dingin, kepala pusing, perut mual, batuk	
Sering buang air besar	

B.

Mahasiswa A: Anda sedang sakit. Deskripsikan gejala-gejala penyakit Anda pada teman Anda lalu bertanyalah pada teman, 'Saya sakit apa?'
Mahasiswa B: Tebaklah penyakit mahasiswa A.

Lisan – Berpasangan

Latihan 3: Lengkapi dialog. Dengarkan petunjuk guru. Pakailah fungsi 'Kalau masih sakit, kenapa tidak…?'

Contoh:
Mahasiswa A: Aduh, saya tidak enak badan.
Mahasiswa B: Mengapa?
Mahasiswa A: Kurang tidur karena harus mempersiapkan presentasi semalam.
Mahasiswa B: Kalau masih sakit, kenapa tidak istirahat saja di rumah?

Petunjuk guru:

1. Guru mengarahkan mahasiswa untuk bisa memperagakan kata-kata: mual, pusing, capai, lapar.

2. Setelah itu, minta mahasiswa secara berpasangan melengkapi percakapan ini sementara mahasiswa A memperagakan kondisinya. Lakukan secara bergantian.

1. A: [merasa mual]
   B: Kalau…kenapa…?

2. A: [merasa pusing]
   B: Kalau…kenapa…?

3. A: [merasa capai]
   B: Kalau…kenapa…?

4. A: [merasa lapar]
   B: Kalau…kenapa…?

Latihan 4: Diskusikan, lalu laporkan ke kelas. Pakailah fungsi 'Kalau…, saya takut…', 'Apa kekhawatiran Anda dalam situasi-situasi di bawah ini?'

Contoh:
Pindah sekolah
Kalau pindah sekolah, saya takut tidak punya teman.

1. selesai kuliah

2. pindah apartemen

3. menikah

4. tinggal di luar negeri

5. dapat pekerjaan baru

Latihan 5: Buatlah empat dialog pendek seperti contoh ini. Pakailah fungsi 'Apa…bisa menyarankan…?'

Contoh:
A: Saya pilek. Apa Anda bisa menyarankan dokter yang bagus?
B: Keluarga saya sering periksa ke dokter Budiman. Dia dokter umum.

Jenis-jenis dokter

dokter umum	dokter spesialis mata
dokter gigi	dokter penyakit dalam
dokter jantung	dokter spesialis THT (telinga, hidung, dan tenggorokan)

Ayo Berkomunikasi!

Latihan 6 – Main peran

Mahasiswa A: Anda mengunjungi teman kerja Anda yang sudah tiga hari tidak masuk kantor karena sakit. Dia tidak mau ke dokter. Tanyakan alasannya.

Mahasiswa B: Anda pernah punya pengalaman buruk waktu Anda berobat pada seorang dokter (*create your own story*). Sejak itu, Anda tidak pernah mau berobat ke dokter lagi. Sekarang sudah tiga hari Anda sakit, jadi tidak masuk kantor. Teman kerja Anda datang mengunjungi.

Latihan 7 – Wawancara

1. Lengkapilah tabel ini dengan mewawancarai teman-teman Anda!

	Apa Anda...	
Nama teman	*Takut ke dokter? Mengapa?*	*Tidak takut ke dokter? Mengapa?*

2. Buatlah kesimpulan dari tabel itu, lalu laporkanlah kepada kelas.

Kosakata

batuk	*cough*
berobat	*to see a doctor*
bersin	*to sneeze*
bolos	*to skip a class, play hooky*
buruk	*bad*
capai	*tired*
demam	*fever*
gejala	*symptom, sign (of illness, etc.)*
jantung	*heart (in medical context)*
jelek	*bad, low (for grades)*
kartu nama	*business card*
kekhawatiran	*anxiety, worry*
kenapa	*why*
lapar	*hungry*
mahir	*skilled*
masuk angin	*have cold or flu symptoms*
mendingan	*fairly well, better*
mual	*nauseous*
panas dingin/demam	*fever and chills*
pengalaman	*experience*
penyakit	*illness, disease*
periksa	*to examine, check*
pilek	*to have a cold / the flu*
pindah	*to move*
pucat	*pale*
pusing	*dizzy, headache*
radang	*inflammation*
radang tenggorokan	*sore throat*
sarankan	*to suggest*
sehat	*healthy*
sejak	*since*
sembuh	*cured, recovered*
sering	*often, frequently*
takut	*to be afraid, worry*
tersumbat	*stuffed-up (nose)*
umum	*general, common*

Cultural Notes

Medical advice in Indonesia

The national health care program offers clinics called Community Health Care Centers (Pusat Kesehatan Masyarakat or Puskesmas). These centers are found throughout the country in city neighborhoods and villages. For remote areas not served by a center, there are mobile centers called Pusat Keliling (or Pusling) with doctors and/or paramedics who attend to the basic health care needs of the population. Civil servants and the very poor do not have to pay for the services provided by the Puskesmas while others pay a small fee. If the health care center cannot take care of a patient's needs, the patient will be referred to doctors at the nearest hospital. In addition to seeking medical advice from doctors, many Indonesians use complementary medicine therapies such as Chinese and Javanese herbal remedies.

Masuk angin or catching a cold

Indonesians who do not feel good commonly use the expression *masuk angin* to describe the ailments associated with the common cold. The primary symptoms of *masuk angin* include a fever, sinus congestion, sore throat, lack of energy, or upset stomach. Literally, *masuk angin* means that the wind has entered the body. It is believed that the wind enters the body when one has been in a draft from being on a motorcycle, in a car or bus with an open window, or in an air-conditioned room. Some of the recommended remedies for this condition include eating regularly, eating warming foods and drinks (such as ginger tea), drinking plenty of water, and getting a massage. Perhaps the most popular remedy is to have someone *kerok* you. The person giving the *kerok* first oils the skin and then rubs the skin with a coin until the skin is red; this process is thought to draw out the wind that has entered the body.

Pelajaran 7.2: Menelepon Klinik

Menelepon klinik untuk berobat

In this lesson you will learn:

- How to start a formal telephone conversation.

| Suster: | **Klinik Dokter Budiman.** **Selamat pagi.** |
| Pingkan: | *Selamat pagi.* |

- How to start an informal telephone conversation.

| Grace: | **Halo?** |
| Pingkan: | **Halo, selamat** *siang.* **Boleh saya bicara dengan** *Grace?* |

- How to request a formal appointment.

Pingkan:	**Saya ingin daftar untuk** *nanti sore.*
Suster :	**Atas nama siapa, ya?**
Pingkan:	*Pingkan.*

- How to negotiate a schedule.

Maaf, ya. *Jadwal nanti sore sudah penuh.* **Bagaimana kalau** *nanti malam?*

- How to inquire if one needs to do something.

Apa saya perlu *puasa untuk tes darah?*

- How to offer someone good wishes for a speedy recovery.

Semoga cepat sembuh, *ya, Ping!*

Dialog

Sesudah kelas, Pingkan langsung pulang ke rumah. Dia menelepon klinik Dokter Budiman.

Suster: Klinik Dokter Budiman. Selamat pagi.
Pingkan: Selamat pagi. Saya ingin daftar untuk nanti sore.
Suster: Sebentar. Mmm, maaf ya. Jadwal nanti sore sudah penuh. Bagaimana kalau nanti malam?
Pingkan: Baiklah.
Suster: Atas nama siapa, ya?
Pingkan: Pingkan. P-I-N-G-K-A-N.
Suster: Berapa nomor teleponnya, Mbak?
Pingkan: 736980.
Suster: Apa Anda sudah pernah berobat di sini?
Pingkan: Belum. Ini pertama kali. Oh ya, apa saya perlu puasa untuk tes darah?
Suster: O, tidak perlu. Anda boleh makan dan minum seperti biasa. Ini hanya konsultasi dulu.
Pingkan: Terima kasih, Suster.
Suster: Kembali.

Pingkan lalu menelepon temannya, Grace.

Grace: Halo?
Pingkan: Halo, selamat siang. Boleh saya bicara dengan Grace?
Grace: Iya, ini saya sendiri. Pingkan, ya? Ada apa?
Pingkan: Eh, Grace. Begini, saya tidak bisa ikut belajar bersama nanti malam. Saya kurang enak badan. Maaf, ya.
Grace: O, tidak apa-apa. Sudah ke dokter?
Pingkan: Belum, baru nanti malam.
Grace: Baiklah. Semoga cepat sembuh ya, Ping!
Pingkan: Makasih. Sudah dulu ya, Grace. Daag!
Grace: Daag!

Lisan – Seluruh kelas

Pemahaman: Jawablah pertanyaan ini.

1. a. Pingkan ingin mendaftar untuk kapan?

   b. Kapan Pingkan akan pergi ke klinik itu?

2. Apa Pingkan perlu tes darah?

3. Mengapa Pingkan menelepon Grace?

Ayo Berlatih!

Lisan – Berpasangan

Latihan 1: Lengkapilah dialog ini. Pakailah fungsi-fungsi yang sesuai.

1. Situasi: Andi sakit gigi. Dia menelepon dokter gigi.

Suster: Klinik Dokter Surya. Selamat sore.
Andi: _____
Suster: Sebentar. Ya, bisa jam 7 malam. Atas nama siapa?
Andi: _____

2. Situasi: A resepsionis di Kantor Maju. B mau berbicara dengan manajer, Ibu Tuti.

Mahasiswa A: Kantor Maju. _____
Mahasiswa B: Selamat siang. _____
Mahasiswa A: Maaf, Ibu Tuti tidak ada di kantor. Apa ada pesan?

Lisan – Berpasangan

Latihan 2: Buat dialog dari situasi ini. Pakailah fungsi-fungsi yang sesuai.

1. Mahasiswa A: Anda tidak jadi ke rumah teman Anda, karena…(beri alasannya). Telepon teman Anda. Cari waktu yang lain.

Mahasiswa B: Teman Anda menelepon. Jawablah dan tanyakan lebih lanjut situasi teman Anda.

2. Mahasiswa A: Anda sakit. Anda tidak bisa pergi dengan teman Anda malam ini. Telepon teman Anda.

Mahasiswa B: Anak Anda sedang pergi, sebentar lagi kembali. Ada temannya yang menelepon. Jawablah telepon dan tanyakan lebih lanjut kondisi teman anak Anda.

3. Mahasiswa A: Anda menelpon kantor kursus bahasa Jepang. Anda ingin belajar bahasa Jepang mulai bulan depan.

Mahasiswa B: Anda pegawai di kantor kursus bahasa Jepang. Bulan depan kelas bahasa Jepang sudah penuh.

Lisan – Berpasangan

Latihan 3 – Main peran: Pakailah fungsi 'Apa saya perlu…untuk…?'

1. Mahasiswa A: Anda sakit. Teleponlah klinik untuk mendaftar. Tanyakan apa yang perlu Anda lakukan sebelumnya.

Mahasiswa B: Anda suster/pegawai administrasi di klinik. Daftarkan pasien yang menelepon. Jawab pertanyaannya.

2. Mahasiswa A: Minggu depan Anda mau berkunjung ke rumah teman Anda di luar negeri. Tanyakan pada teman Anda apa yang harus Anda siapkan untuk kunjungan itu. Anda memulai percakapan.

Mahasiswa B: Teman Anda akan berkunjung dari luar negeri. Berikanlah informasi padanya.

Ayo Berkomunikasi!

Latihan 4 – Main peran: Ada pasien yang menelepon klinik untuk mendaftar periksa.

Petunjuk guru:

1. Bagi mahasiswa menjadi 2 kelompok, kelompok A (mahasiswa A) dan kelompok B (mahasiswa B). Mahasiswa A berperan sebagai pasien yang menelepon beberapa klinik untuk mendaftar. Mereka harus keliling sampai menemukan klinik yang cocok dengan jadwal mereka. Mahasiswa B berperan sebagai resepsionis klinik; mereka duduk menjawab telepon dari pasien.

2. Kalau ada waktu, mahasiswa A dan B bisa bertukar peran.

Mahasiswa A: Anda sedang sakit, teleponlah beberapa klinik (sambil berkeliling di kelas) untuk mencari klinik yang jamnya cocok dengan jadwal Anda. Lalu, daftarkan diri Anda untuk periksa di klinik itu. Lihat apendiks A.17.

Mahasiswa B: Anda resepsionis di sebuah klinik. Jawablah telepon dari pasien, lalu tulislah namanya pada buku daftar pasien dokter. Lihat apendiks B.17.

Perorangan

Latihan 5: Menulis surat formal. Bacalah iklan ini.

Sekolah Melia
Yogyakarta

Menyediakan kursus bahasa Indonesia intensif selama tiga bulan. Fasilitas lengkap dan modern. Guru-guru berpengalaman mengajar lebih dari sepuluh tahun.

Biaya: Rp. 1.200.000 termasuk buku teks

Daftarkan diri Anda segera, tempat terbatas.
Hubungi:
Sekolah Melia
Jl. Diponegoro No. 57
Yogyakarta
Telepon: 57342

Situasi: Anda ingin belajar bahasa Indonesia, tapi hanya bisa mengikuti kursus selama dua bulan saja, karena…. Tulislah surat dan tanyakan juga biayanya.

Kosakata

atas nama	*under the name of*
biasa	*usual, common*
bicara	*to talk, speak*
cepat sembuh	*to get better quickly*
daftar	*to register, sign up for*
daftarkan	*to enroll someone, sign someone up*
darah	*blood*
ingin	*want, desire, wish*
klinik	*clinic*
kurang enak badan	*to not feel good*
lakukan	*to do*
langsung	*immediately, directly*
laporan	*report*
operasi	*surgery, operation*
pasien	*patient*
penuh	*full*
perlu	*must, should, have to, need to*
pesan	*message*
puasa	*to fast (abstain from food)*
semoga	*I (we) hope that, hopefully*
sendiri	*self, by oneself*
seperti	*like, as*
suster	*nurse*

Cultural Notes

Health care

Although the government and some private companies provide health insurance for their employees, many Indonesians do not have health insurance coverage. Thus, it is not surprising that people often go to the doctor only when they are suffering from a significant illness. One segment of the population that receives attention by the government is mothers and their children. An important and successful government program offers mothers and children medical care that includes vaccinations, supplements, and check-ups on developmental achievements of the children, as well as education for the mothers on nutrition, health care, and sanitation.

Apendiks A.17

Mahasiswa A1: Anda hanya bisa pergi ke dokter sesudah atau sebelum jam kerja. Jam kerja: 09:00 – 17:00.

Mahasiswa A2: Hanya bisa pergi ke dokter hari ini, jam 12.00–13:00 atau jam 16:00-17:00. Besok Anda akan ke luar negeri.

Mahasiswa A3: Hanya bisa pergi ke dokter besok, jam 14:00–16:00.

Apendiks B.17

Mahasiswa B1: Jadwal Dokter Gunawan

Hari ini	
08:00	buka
08:00–13:00	operasi pasien
13:00–16:00	istirahat
16:00–18:00	4 pasien
18:30–19:00	_____
19:00–20:30	3 pasien
21:00	tutup

Besok	
08:00–13:00	seminar
13:00–16:00	istirahat
16:00	buka
16:00–17:00	_____
17:00–18:30	3 pasien
18:30–19:30	_____
19:30–20:00	1 pasien
20:00–20:30	1 pasien
21:00	tutup

Mahasiswa B2: Jadwal Dokter Mantik:

Hari ini	
08:00	buka
08:00–10:00	operasi pasien
10:00–14:00	tutup
14:00–17:00	_____
17:00–20:00	6 pasien
20:00	tutup

Besok	
08:00	buka
08:00–09:00	2 pasien
09:00–10:00	_____
10:00–14:00	tutup
14:00–17:30	operasi pasien
17:30–20:00	5 pasien
20:00	tutup

Mahasiswa B3: Jadwal Dokter Lastri:

Hari ini	
08:00	buka
08:00–10:00	operasi pasien
10:00–14:00	tutup
14:00–14:30	1 pasien
14:30–15:30	_____
15:30–18:00	5 pasien
18:00	tutup

Besok	
08:00–10:00	seminar
10:00–14:00	tutup
14:00	buka
14:00–14:30	1 pasien
14:30–15:00	_____
15:00–15:30	1 pasien
15:30–16:00	_____
16:30–18:00	3 pasien
18:00	tutup

Pelajaran 7.3: Di Klinik

Dokter di klinik

In this lesson you will learn:

- How to politely make a request.   ***Coba*** *buka mulut.*
- How to express a fear or a worry.   ***Jangan-jangan*** *saya kena tifus!*
- How to allay someone's fears.   ***Ah, tidak** serius, **kok. Jangan** khawatir.*
- How to give advice.   ***Nanti*** *istirahat yang banyak **ya, supaya** cepat sembuh.*

Dialog

Di klinik Dokter Budiman.

Pingkan: Selamat malam, Suster. Nama saya Pingkan.
          Tadi pagi saya sudah daftar.
Suster: Selamat malam. Silakan duduk.
          Nanti saya panggil kalau sudah giliran Anda.

Di ruang praktik dokter.

Dokter: Ada keluhan apa?
Pingkan: Kepala saya pusing. Perut saya mual. Badan saya rasanya demam.
Dokter: Sudah berapa lama?
Pingkan: Sudah dua hari, Dok.
Dokter: Saya periksa dulu, ya. Coba buka mulut. Hmm, suhunya 37 derajat.
          Tekanan darah Anda normal, seratus per delapan puluh. Silakan
          berbaring di sana. Coba tarik napas yang dalam, lepaskan, tarik napas
          lagi, lepaskan. Oke. Silakan duduk kembali.
Pingkan: Apa penyakit saya serius, Dok? Jangan-jangan saya kena tifus!
Dokter: Ah, tidak serius, kok. Jangan khawatir. Anda hanya kena flu saja. Ini,
          saya berikan resep. Obatnya diminum tiga kali sehari, sampai habis.
          Nanti istirahat yang banyak, ya, supaya cepat sembuh.
Pingkan: Baik, Dok, terima kasih.

Lisan – Seluruh kelas

Pemahaman: Jawablah pertanyaan ini.

1. Daftarkan kata-kata permintaan/perintah dari dokter.

2. Pingkan takut kalau dia sakit apa?

3. Apa nasihat dokter?

Ayo Berlatih!

Lisan – Berkelompok kecil

Latihan 1 – Permainan: Dengarkan petunjuk guru. Pakailah fungsi
    'Coba…' dan 'Tolong…'

Petunjuk guru:

1. Bagi kelas menjadi dua kelompok dan minta mereka untuk saling
   berhadapan.

2. Kelompok A bisa mulai dengan memberikan instruksi kepada kelompok B
   dengan menggunakan kata 'coba' dan 'tolong'.

3. Kelompok yang bisa membuat gerakan yang selalu benar, menang.

Situasi: Anda adalah seorang dokter/ahli terapi. Mintalah teman-teman Anda melakukan permintaan/perintah Anda. Pakailah kata 'coba' atau 'tolong'.

Contoh:
Coba angkat tangan kanan Anda.

Lisan – Berpasangan

Latihan 2: Buatlah dialog. Pakailah fungsi 'Jangan-jangan…'

Contoh:
Situasi: Sudah hampir seminggu ini kakak Anda tidak dapat tidur.

Mahasiswa A: Sudah seminggu ini kakak saya tidak bisa tidur. Jadi kalau pagi dia kelihatan capai sekali. Di kelas dia juga tidak bisa konsentrasi.

Mahasiswa B: Jangan-jangan kakak Anda sedang ada masalah.

1. Sudah tiga hari Anda menelepon X, tapi tidak ada yang menjawab.

2. Sudah dua minggu guru bahasa Indonesia Anda tidak mengajar.

3. Sudah sebulan pacar Anda yang tinggal di luar kota tidak memberi kabar.

4. Sudah siang, tapi teman Anda belum datang ke kelas.

Lisan – Berpasangan

Latihan 3: Buatlah dialog. Pakailah fungsi 'Tidak…, kok. Jangan…'

Contoh:
Situasi: Anda takut pergi ke dokter. Anda takut suntikan.

Mahasiswa A: Kalau sakit, saya tidak pernah pergi ke dokter karena saya takut disuntik.

Mahasiswa B: Ah, suntikan itu tidak sakit, kok. Jangan takut.

1. Anda tidak mau minum obat karena Anda pikir obat pahit.

2. Anda panik karena besok ada ujian dan Anda belum belajar.

3. Anda tidak mau pergi ke mal karena Anda pikir semua barang mahal.

4. Anda tidak mau belajar main ski karena takut jatuh.

5. Anda tidak mau pergi ke Indonesia karena khawatir tidak suka makan makanan di sana.

Lisan – Berpasangan

Latihan 4: Buatlah dialog. Pakailah fungsi 'Nanti…ya, supaya…'

Contoh:
Situasi: Mahasiswa A mau masuk tim sepak bola tetapi tidak diterima karena dia sakit-sakitan.

Mahasiswa A: Aduh, bagaimana ya. Kemarin saya coba mendaftar masuk tim sepak bola tapi katanya tidak bisa karena saya sering sakit-sakitan.

Mahasiswa B: Oh, begitu ya? Tapi kamu memang sering sakit. Nanti makan yang banyak ya dan minum vitamin supaya lebih sehat.

1. Situasi: Mahasiswa A mau ujian menyetir tapi dia khawatir sekali.

2. Situasi: Mahasiswa A selalu merasa sakit. Mahasiswa B pikir mahasiswa A seorang hipokondria.

3. Situasi: Mahasiswa A merasa tidak cocok dengan pacarnya. Dia mau putus tapi tidak tahu bagaimana caranya.

Ayo Berkomunikasi!

Lisan – Berpasangan

Latihan 5 – Main peran: Dengarkan petunjuk guru.

Petunjuk guru:

1. Tulislah di potongan-potongan kertas: nama-nama penyakit dan dokter spesialisnya. Brainstorm/ulangi kembali nama-nama penyakit dan dokter.

2. Bagi mahasiswa menjadi dua kelompok: pasien dan dokter.

3. Berikan nama penyakit kepada kelompok pasien dan nama dokter kepada kelompok dokter.

4. Dokter harus menempel label spesialisasi di bajunya.

5. Minta 'pasien' untuk mencari 'dokter' yang sesuai dengan penyakitnya.

6. Setelah itu mereka harus melaporkan ke kelas. Dokter melaporkan apa gejala penyakit pasiennya sedangkan pasien melaporkan apa saran dokter.

Kelompok pasien: Carilah dokter Anda dan deskripsikan penyakit Anda.

Kelompok dokter: Tanyakan gejala penyakit pasien Anda dan berikan saran pengobatannya.

Kosakata

berbaring	*to lie down*
coba	*please (a polite request particle)*
dalam	*deep*
derajat	*degree (of temperature)*
giliran	*turn*
habis	*finished*
jangan	*do not (negative imperative)*
jangan-jangan	*perhaps, maybe (but not expected or hoped for)*
jatuh	*to fall*
keluhan	*complaint*
kena	*to get, suffer from something*
khawatir	*to worry*
lepaskan	*to release*
nasihat	*advice*
obat	*medicine*
panggil	*to call, summon*
perintah	*recommendation, order*
resep	*(drug) prescription*
suhu	*temperature*
suntikan	*shot, injection*
supaya	*in order to, so that*
tarik napas	*to take a breath*
tekanan darah	*blood pressure*
tifus	*typhus*
tolong	*please (a polite request particle)*

Cultural Notes

The role of the doctor in society

Doctors are highly esteemed individuals and are generally economically quite well off. Doctors often have two sources of income, one from a practice at a clinic or hospital in the morning and another from their private practices out of their homes in the afternoon. People like to have a doctor they can call on in case of an emergency; the choice of a doctor may be based on family, neighborhood, or religious community ties.

Bab 8

Omong-omong Selama Perjalanan

After finishing their performance in the arts festival, Teguh and his friends go to watch a *wayang* show at the Sekolah Tinggi Seni Indonesia (Indonesian School of Arts) in Solo. The rental bus is late to pick them up because of a traffic jam. On the bus ride, Satrio and Pingkan chat about places where Pingkan has lived and what their career aspirations are after graduation.

How is the traffic in your city? What causes the traffic jams? How would you solve the traffic problems?

Pelajaran 8.1: Lalu Lintas

Berstirahat waktu sakit

In this lesson you will learn:

- How to express surprise. — **Kok,** busnya belum datang**?**

- How to emphasize a fact. — Sewa busnya, **kan**, mulai jam 8 pagi!

- How to state an assumption. — **Barangkali** jalannya macet.

- How to state that something is counter to expectations. — **Saya kira** Solo tidak pernah macet, **tapi ternyata** macet juga, ya.

- How to state results based on prior discourse. — **Akibatnya,** kota ini jadi macet.

Dialog

Akhir minggu ini Teguh dan teman-temannya sedang di Solo untuk mengikuti Pekan Seni Mahasiswa. Kebetulan saat itu ada pertunjukan Ramayana dan Mahabharata tingkat internasional di Sekolah Tinggi Seni Indonesia (STSI) Solo. Teguh dan teman-teman ingin menonton pertunjukan itu. Sekarang mereka sedang menunggu bus sewaan yang akan mengantar mereka ke STSI Solo.

Teguh: Kok, busnya belum datang. Saya sudah suruh sopir bus datang jam delapan pagi. Sewa busnya kan mulai jam 8 pagi!

Satrio: Barangkali jalannya macet.

Teguh: Saya kira Solo tidak pernah macet, tapi ternyata macet juga, ya.

Satrio: Walaupun Solo kota kecil, ada banyak kendaraan di sini. Banyak orang berkunjung ke Solo. Mereka datang dengan kendaraan pribadi. Kadang-kadang satu mobil hanya satu penumpangnya! Dan lagi, sistem lalu-lintas di sini belum begitu baik. Akibatnya, kota ini menjadi macet.

Teguh: Wah, kamu tahu banyak tentang Solo. Apa sering ke Solo?

Satrio: Ah, jarang. Ini baru kedua kalinya.

Lisan – Seluruh kelas

Pemahaman: Jawablah pertanyaan ini.

1. Mengapa Teguh heran?

2. Kira-kira, mengapa kota Solo menjadi macet?

3. Apa Satrio sering ke Solo?

Persiapan

Frekuensi

100%

0%

selalu   sering   kadang-kadang   jarang   tidak pernah

Ayo Berlatih!

Latihan 1: Tanyakan pada teman mengapa kota X sering macet. Kemungkinan topik jawabannya bisa dilihat di bawah ini. Pakailah fungsi '…kan…' dan kata-kata keterangan frekuensi: selalu, sering, kadang-kadang.

Contoh:
Mahasiswa A: Kenapa kota X sering macet?
Mahasiswa B: Di kota X, kan, banyak orang yang memakai sepeda motor dan sering ada kecelakaan.

1. Sistem lalu lintas

2. Kendaraan

3. Pejalan kaki

4. Perbaikan jalan

Latihan 2: Lihat gambar. Buatlah dialog. Pakailah fungsi 'Kok,…' dan 'Barangkali…'

Latihan 3: Buat kalimat untuk setiap gambar. Pakailah fungsi 'Saya kira…, tapi…'

Contoh:

Saya kira mangga ini rasanya manis, tapi ternyata asam.

1.

2.

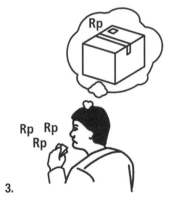

3.

4.

Latihan 4 – Cerita berantai: Lanjutkan kalimat teman Anda untuk setiap situasi ini. Pakailah fungsi 'Akibatnya…'

Contoh:

Situasi: Banyak orang berkunjung ke Solo.

Mahasiswa A: Banyak orang berkunjung ke Solo, akibatnya kota Solo jadi ramai.

Mahasiswa B: Kota Solo ramai, akibatnya jalanan jadi macet.

Mahasiswa C: Jalanan macet, akibatnya makan waktu banyak untuk sampai di tempat tujuan.

Mahasiswa D: …

1. Iwan minum banyak minuman beralkohol.

2. Mobil saya rusak.

3. Harga bensin naik.

Ayo Berkomunikasi!

Latihan 5 – Bercerita: Dengarkan petunjuk guru.

Petunjuk guru:

1. Mahasiswa mendeskripsikan gambar di bawah dalam kelompok masing-masing.

2. Guru menuliskan kata-kata penting yang ditanyakan oleh mahasiswa di papan tulis. Contoh: kecelakaan, lampu lalu lintas, perbaikan jalan, dll.

3. Tiap kelompok melaporkan hasil deskripsinya.

4. Mahasiswa dalam kelompok diminta untuk mengarang cerita yang kreatif berdasarkan gambar tersebut.

5. Mahasiswa mempresentasikan ceritanya dan mahasiswa lain memberi tanggapan atau pertanyaan.

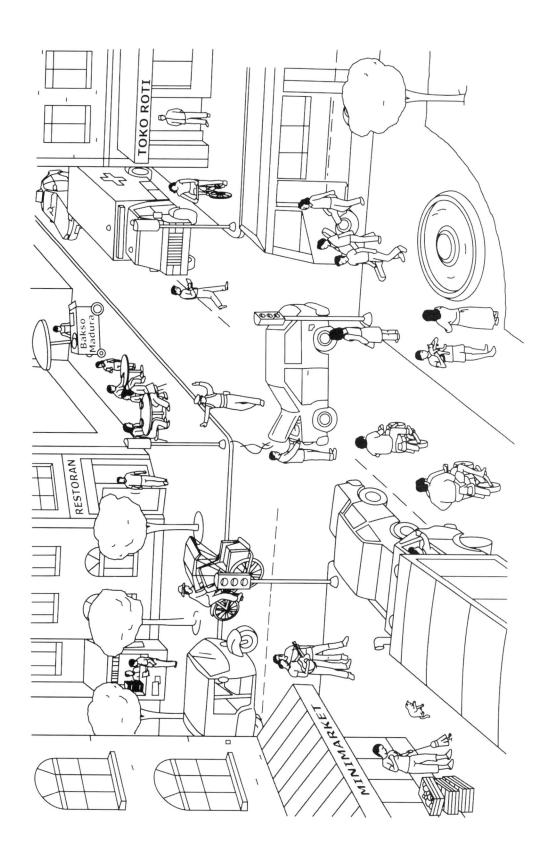

Kosakata

akibat	*result, outcome, effect*
akibatnya	*in the end, thus, finally*
antar	*to drive/take someone somewhere*
barangkali	*perhaps, maybe, probably*
bensin	*gasoline*
disiplin	*discipline*
heran	*surprised*
jarang	*seldom*
kadang-kadang	*sometimes*
kan	*expressive particle meaning "You should have known"*
kebetulan	*coincidentally, unexpectedly*
kendaraan	*car/vehicle*
kok	*why, how come (a particle that expresses surprise when it precedes the predicate)*
macet	*jammed (of traffic), clogged, blocked*
makan waktu	*time consuming*
paket	*parcel, package*
pawai	*parade*
pejalan kaki	*pedestrian*
penumpang	*passenger*
penyebab	*cause*
pertunjukan	*performance*
pribadi	*private*
ramai	*crowded (with people)*
selalu	*always*
sewa	*to rent*
suruh	*to order, tell (someone to do something)*
sopir	*driver*
ternyata	*actually, it turns out that*
tidak pernah	*never*
walaupun	*although, even if, though*

Cultural Notes

Traffic jams

In big cities such as Jakarta and Surabaya, traffic jams are a common occurrence, especially at commuting times. One of the primary causes of traffic congestion is the wide variety of types of vehicles that are allowed on the roads including motorized and nonmotorized vehicles. Another reason for the congestion is the rapid urbanization of Indonesia over the past fifty years. In 1950 only 12 percent of the Indonesian population lived in urban areas; in 2005, 48 percent of Indonesians resided in urban areas. Jakarta's population doubled between 1976 and 2004, rising from 6 million to 13 million inhabitants. The task of creating the infrastructure to serve the needs of the populations of these rapidly expanding cities is daunting.

Pelajaran 8.2: Riwayat Hidup

Tempat-tempat di Indonesia

In this lesson you will learn:

- How to state how long an event has been taking place.

  *Saya **sudah** tiga tahun lebih tinggal di sini.*

- How to describe a set of chronological events.

  - *- **Sebelum** pindah ke Bogor, saya tinggal di Jakarta.*
  - *- **Waktu** saya berumur 6 tahun, ayah saya ditugaskan di Jakarta.*
  - *- **Sesudah** saya selesai SMA, saya pindah ke Bogor untuk kuliah di IPB.*

- How to ask since when something has occurred.

  ***Sejak kapan** mereka kembali ke Manado?*

- How to introduce a new topic into a *selesai* conversation.

  ***Ngomong-ngomong,** kalau sudah*

  kuliah, Pingkan ingin tinggal di kota besar atau kota kecil?

Dialog

Dalam perjalanan ke STSI, Satrio dan Pingkan bercakap-cakap.

Satrio: Sudah berapa lama Pingkan tinggal di Bogor?

Pingkan: Mmm, saya sudah tiga tahun lebih tinggal di sini. Sebelum pindah ke Bogor, saya tinggal di Jakarta.

Satrio: Tapi Pingkan berasal dari Manado, kan?

Pingkan: Iya, keluarga saya berasal dari Manado. Saya sendiri dilahirkan di Manado. Tapi, waktu saya berumur 6 tahun, ayah saya ditugaskan di Jakarta. Ibu melahirkan adik-adik saya di sana. Kami dibesarkan di Jakarta. Sesudah saya selesai SMA, saya pindah ke Bogor untuk kuliah di IPB.

Satrio: Wah, apa Pingkan sering pulang kampung?

Pingkan: Ke mana? Jakarta atau Manado?

Satrio: Maksud saya, pulang ke kota kelahiran Pingkan, di Manado.

Pingkan: Mmm, sekarang sering…kira-kira dua kali setahun. Ibu dan adik-adik saya sekarang sudah kembali ke Manado.

Satrio: Sejak kapan mereka kembali ke Manado?

Pingkan: Sejak ayah saya meninggal dua tahun yang lalu.

Satrio: Oooh. Kenapa mereka pindah ke Manado?

Pingkan: Karena di sana ada kakek dan nenek yang bisa ikut menjaga adik-adik saya sehingga ibu saya bisa bekerja.

Satrio: Oh, begitu. Ngomong-ngomong, kalau sudah selesai kuliah, Pingkan ingin tinggal di kota besar atau kota kecil?

Pingkan: Di mana saja, di kota besar boleh, di kota kecil juga boleh.

Lisan – Seluruh kelas

Pemahaman: Jawablah pertanyaan ini.

1. Pingkan dan adik-adiknya lahir di Manado. Betul atau Salah?

2. Sekarang keluarga Pingkan tinggal di Manado. Betul atau Salah?

3. Buatlah urutan tempat tinggal Pingkan dari lahir sampai sekarang.

Ayo Berlatih!

Latihan 1: Deskripsi riwayat hidup. Pakailah fungsi 'sebelum, waktu, sesudah'.

A.

Bacalah riwayat hidup/otobiografi Kartina di bawah ini.

Tahun 1970: Kartina lahir
Tahun 1970: Ibu Kartina meninggal
Tahun 1972: Ayah Kartina menikah lagi
Tahun 1973: Adik Kartina lahir
Tahun 1995: Belajar memasak masakan Jepang dan masakan Cina
Tahun 1996: Membuka restoran Jepang

B.

Buatlah sebuah paragraf singkat mengenai Kartina tanpa menyebutkan tahun-tahunnya. Pakailah kata-kata 'sebelum, waktu, sesudah'.

Latihan 2: Tanyakan kepada teman-teman Anda, sudah berapa lama mereka melakukan hal-hal ini. Dalam jawaban pakailah fungsi 'sudah X tahun'.

Nama teman		
belajar bahasa Indonesia		
punya pacar		
tinggal di kota ini		
menyetir mobil		
minum kopi		

Bandingkan jawaban teman-teman Anda. Siapa yang paling lama melakukan hal-hal di atas?

Lisan – Berkelompok kecil

Latihan 3: Wawancarailah teman-teman Anda. Pakailah fungsi 'Sejak kapan…?'

Sejak kapan ___?	*Nama teman*		
	1.	2.	3.
kuliah di ___			
suka makan ___			
senang memakai ___			
_____			

Lisan – Berpasangan

Latihan 4: Lengkapilah dialog ini. Pakailah fungsi 'Ngomong-ngomong'.

1. Situasi: Waktu sedang di kantin, Deni merayu (flirting with) Rina.

Deni: Rin, kamu cantik sekali.
Rina: Ah, biasa saja.
Deni: Saya serius. Mukamu cantik.
Rina: _____.
Deni: Saya mau pesan gado-gado.

2. Situasi: Ivonne bertemu dengan Amel. Ivonne mencari Pauli.

Ivonne: Amel sedang belajar, ya? Belajar apa?
Amel: Belajar bahasa Belanda. Aduh, susah sekali.
Ivonne: _____.
Amel: Oh, Pauli. Dia pergi ke supermarket.

3. Situasi: Dian baru pulang dari kampus. Pingkan mengajak Dian ke mal.

Pingkan: Dian, ayo ke mal. Saya mau beli sepatu.
Dian: Boleh. Saya juga mau beli kaos. _____.
Pingkan: Tidak, Teguh tidak menelepon.

4. Situasi: Buatlah situasi sendiri.

Lisan – Berpasangan

Latihan 5: Buatlah dialog. Pakailah fungsi 'Di mana/apa/siapa/kapan saja boleh'.

Contoh:
Mahasiswa A: Mau makan apa?
Mahasiswa B: Apa saja. Nasi goreng boleh, soto boleh, gado-gado juga boleh.

1. Berbelanja [pasar, toko, mal] _____

2. Belajar _____

3. Minum _____

4. Diskusi kelompok _____

5. Berenang _____

Ayo Berkomunikasi!

Latihan 6: Wawancara dan presentasi

1. Wawancarailah orang Indonesia, kakak kelas Anda, idola Anda, atau guru Anda.

2. Presentasikanlah hasil wawancara Anda kepada seluruh kelas.

3. Mahasiswa lain harus mendengarkan dan mengisi tabel berdasarkan riwayat hidup tersebut.

Nama: _____

Tempat lahir: _____

Tempat tinggal:

1. _____ tahun _____ - _____

2. _____ tahun _____ - _____

3. _____ tahun _____ - _____

Informasi lain:

_____

_____

Latihan 7 – Main peran

Situasi: Di kelas sebelum dosen datang.

Mahasiswa A: Lihatlah Apendiks A.18.
Mahasiswa B: Lihatlah Apendiks B.18.

Kosakata

besarkan	*to bring up, raise*
jaga	*to take care of, look after*
jatuh cinta	*to fall in love*
kota kelahiran	*hometown*
lahir	*to be born*
lahirkan	*to give birth*
menarik perhatian	*to attract someone's attention*
meninggal	*to die*
pulang kampung	*to return to one's hometown*
merayu	*to charm, court, please, flirt with*
riwayat hidup	*biography*
sehingga	*so that*
sejak kapan	*since when*
sekolah menengah atas (SMA)	*high school*
tugaskan	*to assign*
urutan	*order, sequence*
yang lalu	*ago*

Cultural Notes

Return to one's place of origin

In this lesson we see the common conversational topics of family heritage, origin, and ethnicity. Pingkan, like many who live in Java, has come to Java from elsewhere; but despite her mobility she maintains a strong connection with the region from which she has come. As with Pingkan's family, returning home often occurs when the extended family is needed for social or economic support.

Apendiks A.18

Mahasiswa A: Anda sedang belajar karena sesudah ini akan ada ujian. Teman baik yang duduk di sebelah Anda sedang jatuh cinta, jadi dia bercerita tentang pacarnya, tapi Anda mau belajar. Bagaimana ya?

Apendiks B.18

Mahasiswa B: Anda sedang jatuh cinta dan punya banyak pengalaman menarik. Karena dosen belum datang, Anda bercerita tentang pacar Anda pada teman baik yang duduk di sebelah Anda. Buatlah percakapan dengan teman baik Anda itu.

Pelajaran 8.3: Cita-cita

Sekretaris di kantor

Dosen sedang mengajar

In this lesson you will learn:

▪ How to talk about occupations.	*Saya mau bekerja sebagai **dosen**.* *Saya ingin menjadi **pengusaha**.*
▪ How to question a perceived illogical statement or situation.	***Lho, kalau** ingin menjadi pengusaha, **kenapa** Satrio kuliah di Fakultas Pertanian?*
▪ How to express reported information.	***Saya dengar** ada seminar usaha kecil minggu depan.*
▪ How to express desires and aspirations.	***Saya bercita-cita** menjadi pengusaha alat-alat pertanian. Selain itu, saya juga mau memberikan penyuluhan pertanian secara gratis.*

Dialog

Satrio dan Pingkan masih dalam perjalanan.

Satrio: Kalau sudah lulus, Pingkan mau bekerja sebagai apa?

Pingkan: Saya mau bekerja sebagai dosen. Pegawai negeri atau bukan tidak masalah untuk saya.

Satrio: Kalau dosen gajinya sedikit. Mengapa tidak menjadi pengusaha?

Pingkan: Saya lebih suka menjadi dosen. Bagaimana dengan Satrio?

Satrio: Saya ingin menjadi pengusaha.

Pingkan: Lho, kalau ingin menjadi pengusaha, kenapa Satrio kuliah di Fakultas Pertanian?

Satrio: Saya bercita-cita menjadi pengusaha alat-alat pertanian karena sekarang ini di desa saya masih kurang peralatan modern. Selain itu, saya juga mau memberikan penyuluhan pertanian secara gratis. Karena itu, saya harus belajar pertanian.

Pingkan: O, begitu. Eh, saya dengar ada seminar usaha kecil minggu depan. Mungkin Satrio bisa ikut, untuk menambah pengetahuan Satrio tentang bisnis.

Lisan – Seluruh kelas

Pemahaman: Jawablah pertanyaan ini.

1. Apa cita-cita Satrio?

2. Mengapa Satrio belajar di Fakultas Pertanian?

3. Berita apa yang Pingkan dengar?

Ayo Berlatih!

Lisan – Berpasangan

Latihan 1: Di mana orang-orang ini bekerja? Tulislah nomor yang cocok di tempat di kolom kanan.

Pekerjaan	Tempat pekerjaan
1. dokter	____ kantor polisi
2. dosen	____ rumah
3. pilot	____ perusahaan
4. pegawai/karyawan bank	____ sekolah
5. guru	____ toko
6. polisi	____ rumah sakit
7. ibu rumah tangga	____ pesawat terbang
8. pengusaha	____ bank
9. pegawai toko	____ universitas

Latihan 2: Beri komentar tentang situasi-situasi ini lalu teman Anda bisa membuat tanggapannya secara kreatif. Pakailah fungsi 'Lho, kalau…, kenapa…?'

Contoh:

Situasi: Satrio ingin menjadi pengusaha. Sekarang dia belajar di Fakultas Pertanian.

Komentar: Lho, kalau ingin menjadi pengusaha, kenapa Satrio kuliah di Fakultas Pertanian?

Tanggapan: _____

Situasi:

1. Adik lapar tapi tidak mau makan makanan yang ada di atas meja.

2. Sari ingin sekali menjadi dosen. Bulan ini dia berhenti kuliah dan bekerja di bank.

3. Rani mau ke Amerika. Sekarang Rani belajar bahasa Perancis.

4. Di kota ini ada banyak pekerjaan. Ina sudah setahun belum mendapatkan pekerjaan di kota ini.

5. Kota itu indah dan aman. Hanya ada sedikit orang yang mau tinggal di sana.

Latihan 3: Buatlah dialog dari situasi-situasi ini. Berikan nasihat atau saran pada teman Anda. Pakailah fungsi 'Saya dengar…'

Situasi:

1. Teman Anda sakit dan mau pergi ke klinik. Dia tidak tahu klinik yang bagus.

2. Teman-teman Anda ingin menonton film di bioskop akhir minggu ini, tapi mereka tidak tahu mau menonton film apa.

3. Teman Anda mau pindah pekerjaan.

4. Teman Anda mau sekolah lagi.

Latihan 4: Wawancarailah teman-teman Anda. Tanyakan apa pekerjaan yang mereka cita-citakan dan apa alasannya. Pakailah 'Saya bercita-cita…'

Nama teman	Pekerjaan	Alasan (karena…)

Ayo Berkomunikasi!

Latihan 5: Diskusikan topik ini.

1. Buatlah daftar 10 macam pekerjaan yang ada di kota Anda.

2. Diskusikan dari kesepuluh pekerjaan itu mana yang gajinya paling tinggi. Tulislah nomor urut di belakang pekerjaannya (nomor 1 untuk pekerjaan dengan gaji yang paling tinggi, nomor 10 untuk pekerjaan dengan gaji yang paling rendah).

3. Diskusikan pekerjaan mana yang seharusnya mendapat gaji paling tinggi dan bagaimana urutan seharusnya? Mengapa?

4. Berdasarkan diskusi di atas, pilihlah satu pekerjaan yang Anda sukai dan berilah alasan-alasan yang kuat.

Kosakata

cita-cita	*desire, aspiration*
dengar	*to hear*
gaji	*salary*
ibu rumah tangga	*housewife*
macam	*kind, type*
masalah	*problem, issue*
menjadi	*to become*
paling	*the most*
pegawai negeri/pemerintah	*civil servant*
pengetahuan	*knowledge*
pengusaha	*businessman*
penyuluhan pertanian	*agriculture extension*
petani	*farmer*
pilih	*to choose*
rendah	*low*
sebagai	*as*
secara	*in a…manner*
sediakan	*to provide, supply*
selain itu	*besides, in addition to that*
yaitu	*that is*

Cultural Notes

A career in civil service or business

Indonesians have generally viewed the choice of a career in the civil service sector, which includes positions in government administration, the military, and teaching at public institutions, as a wise one for those who want job security and good benefits. Choosing to be a private businessman offers more risks but also a greater potential for attaining abundant economic benefits. Although teachers hold positions of respect in the community, their salaries are low, forcing most teachers from elementary school through university levels to find second or even third jobs in order to provide for their family's needs.

Glossary

Vocabulary entries are organized alphabetically based on the root word. For example, the word *melihat* is found under the letter *l* because its root is *lihat*; *berasal* is found under the letter *a* because the root word is *asal*. The definitions given are those appropriate for the contexts used in this text, not all possible definitions. The lesson number in which a vocabulary item is first introduced in this volume is indicated in the parenthesis following the meaning of the vocabulary entry.

Abbreviations
coq. colloquial
e.o. each other
lit. literally

s.o. someone
s.t. something

abu-abu gray
acara event, engagement, something to do (4.2)
ada there is, there are (1.2)
   ada berapa how many are there? (3.2)
adik younger sibling
air water
   air putih (boiled) drinking water (3.2)
ajak to invite (4.1)
   ajakan invitation (6.3)
akan about to, going to, will (auxiliary verb indicating future) (2.1)
akhir end, finish
   akhir minggu weekend (4.2)
akibat result, outcome, effect (8.1)
   akibatnya in the end, thus, finally (8.1)
alam nature, environment
   pengalaman experience (7.1)
alasan cause, reason (6.1)
alat tools
   peralatan makan eating utensils (3.1)
alpukat avocado (3.2)
ambil to get, fetch (1.1), to take (2.3)
anak child (3.1)
Anda you (1.1)
anggar, anggaran budget (6.2)
anggota member (5.2)
anggur grape(s) (4.3)

antar to drive/take someone somewhere (8.1)
apa 1. what (1.1); 2. question marker for yes/no questions when in initial position) (1.2)
   apa saja what (with the expectation that there will be more than one answer) (2.3)
   berapa how much, how many
   beberapa some, several (6.1)
asal origin
   berasal to originate, be from (3.1)
asam sour (3.2)
asin salty (3.2)
asrama dormitory (1.2)
atas upper, top (3.3)
   atas nama under the name of (7.2)
ayam chicken (3.2)
ayo/silakan please go ahead, help yourself (1.1)
baca to read (2.2)
badan body (2.2)
bagaimana how (1.2)
   bagaimana kalau what if (4.1)
bagus good, fine, beautiful, excellent (1.2)
bahasa language (2.3)
   berbahasa to speak a language (2.3)
baik good (2.1)
   baiklah okay, all right (4.1)

bangun to wake up (4.1)

banyak much, many, a lot (4.1)

bapak/pak 1. term of respect for a man; 2. father (1.1)

barang thing, object (5.1)

barangkali perhaps, maybe, probably (8.1)

baring, berbaring to lie down (7.3)

baru new (1.1); just, recently (5.1)

batik batik, batik cloth (6.3)

batuk cough (7.1)

   berbatuk to cough

bawa to take, bring (5.3)

bawah lower, below (3.3)

bea duty, fee, expense, cost

   beasiswa scholarship (5.2)

bebas free (6.3)

beda difference

   berbeda to be different

begitu oh, is that so, I see, I understand (1.1)

belajar to study (1.3)

belakang behind (3.3)

Belanda Dutch, Netherlands (2.3)

belanja, berbelanja to shop, go shopping (3.1)

beli to buy (4.3)

   pembeli buyer (4.3)

belok to turn (4.2)

belum not yet (2.2)

   sebelum before (6.1)

benda thing (3.1)

bensin gasoline (8.1)

berangkat to depart, leave (5.1)

berapa how much, how many (see *apa*)

   beberapa some, several (6.1) (see *apa*)

benar correct, true

   sebenarnya actually, in fact (5.3)

beri, berikan to give s.t. to s.o. (5.1)

bersih clean (1.2)

bersin to sneeze (7.1)

besar big (1.2)

   besarkan to bring up, raise (8.2)

besok tomorrow (1.3)

betul correct, right, accurate (1.2)

   kebetulan coincidentally, unexpectedly (8.1)

biasa usual, common (7.2)

biaya cost, expense, fee (6.2)

bicara, berbicara to talk, speak (7.2)

   bicarakan to discuss

bioskop movie theater (1.2)

biro office, bureau, agent

   biro perjalanan travel agent (6.2)

biru blue (5.3)

bisa can (*auxiliary verb*) (2.3)

blus blouse (5.3)

bola ball

boleh may, can (auxiliary verb) (1.2)

bolos to skip a class, play hooky (7.1)

bon check, bill (in a restaurant/hotel) (3.2)

botak/gundul bald (2.2)

brosur brochure (6.3)

buah fruit (4.3)

   buah-buahan variety of fruit (4.3)

   sebuah one item (4.3)

buang throw away, discard

   buang air besar defecate (3.3)

   buang air kecil urinate (3.3)

buat to do, make (1.3)

buka to open (5.1)

   pembukaan opening (6.1)

bukan not (negates nouns) (2.1)

buku book

bulan 1. month (5.1); 2. moon

bunga 1. flower; 2. interest rate

buruk bad (7.1)

bus bus (frequently, *bus* is pronounced as *bis*, following the old spelling of this word) (1.2)

cabai chili, red pepper (3.2)

cakap, bercakap to talk, chat (1.2)

cakep good-looking, handsome, beautiful (2.2)

cantik pretty, beautiful (2.2)

capai tired (7.1)

cara way, manner

   secara in a…manner (8.3)

cari to look for, seek (2.2)

celana pants (5.3)

cepat fast, quick (6.2)

   cepat-cepat in a hurry, quickly (1.3)

ceramah a lecture or talk (5.3)

   berceramah to give a lecture or talk (5.3)

cerita story

   bercerita to tell a story (2.2)

cinta love (8.2)

ciri characteristic, feature (2.2)

cita-cita desire, aspiration (8.3)

coba 1. to try (3.2), 2. please (a polite request marker) (7.3)

cocok fit, go well with s.t. (5.3)

daftar to register, sign up for (7.2)
  daftarkan to enroll s.o., sign s.o. up (7.2)
  pendaftaran registration

daging meat (3.2)

dalam 1. deep (7.3); 2. in, inside

dan and (1.2)

dapat to get, obtain (5.2) (auxiliary verb), can, able to, capable of
  pendapat opinion (6.1)

dapur kitchen (3.3)

darah blood (7.2)

dari from (1.1)
  dari mana from where (1.1)

datang to come (1.1)

dekat close, near (1.2)

demam fever (7.1)

denah plan, design, blueprint (3.3)

dengan with (1.2)

dengar to hear (8.3)

depan in front of (2.2)

derajat degree (of temperature) (7.3)

di at, in, on (2.2)

dia she/he (1.3)

diam to be silent, motionless
  pendiam not outgoing, not talkative (2.2)

dingin cold

diri self
  berdiri to stand
  sendiri 1. oneself; 2. by oneself; 3. alone

disiplin discipline (8.1)

dosen university teacher (1.1)
  dosen pembimbing advisor (6.1)

dua two (3.2)
  kedua second (6.3)

duduk to sit down (1.1)

dulu 1. formerly, previously, in the past; 2. to do s.t. first (5.1)

durian durian fruit (4.3)

empat four
  seperempat one-quarter (4.3)

enak delicious (of food), good, enjoyable, pleasant

es ice
  es buah iced drink with fruit (3.2)

gaji salary (8.3)

gambar picture, illustration (1.2)
  (meng)gambar to draw

gampang easy (2.3)

ganteng handsome (2.2)

garam salt (3.2)

gejala symptom, sign (of illness, etc.) (7.1)

gemuk fat, plump (2.2), healthy (in reference to an infant)

gigi teeth (5.3)

gilir, bergilir to change, rotate, turn
  giliran turn, opportunity (7.3)

gonggong to bark (5.3)

goreng to fry (1.1)

gosok 1. to brush; 2. to rub (5.3)

gratis free (5.2)

guna use, benefit
  berguna to be useful (6.1)

guru teacher (1.1)

habis finished (7.3)
  habiskan to finish

hadap, menghadap to face (12.1)
  terhadap concerning, regarding, about (6.3)

hadiah gift (5.2)

hadir to be present
  kehadiran presence (6.1)

hanya only, just (2.3)

harga price (4.3)
  harga pas fixed price (4.3)

hari day (4.2)
  hari H on the specified day (5.2)
  hari ini today (4.1)

harus must, have to (1.3)

hati heart, seat of emotions, liver (medical)
  perhatian attention, interest (8.2)

henti, berhenti to stop
  perhentian bus bus stop (4.2)

heran surprised (8.1)

hijau green (5.3)

hitam black (5.3)

hujan rain (5.2)

ibu/bu 1. term of respect for a woman (used for women who are married or in

respected positions); 2. mother (1.1)
ibu rumah tangga housewife (8.3)
ikut to follow, join (4.1)
ilmu science, knowledge (2.3)
impian dream (3.3)
ingin want, desire, wish (7.2)
ini this (1.1)
isi content(s) (3.2)
istirahat break, recess (6.1), intermission
   beristirahat to rest, pause, take a break
istri wife (2.1)
itu that (1.1)
jadi so, therefore (6.1)
   menjadi to become (8.3)
jadwal schedule (4.1)
jaga to take care of, look after (8.2)
jalan 1. street (1.2); 2. to walk (4.2)
   jalan kaki to walk (4.2)
   jalan-jalan take/go for a walk/drive (5.3)
   pejalan kaki pedestrian
   perjalanan trip, journey (6.1)
jam time (4.1), clock, o'clock
   jam berapa What time is it? (4.1)
jangan negative imperative (7.3)
   jangan-jangan perhaps, maybe (but not
   expected or hoped for) (7.3)
janji promise, agreement, appointment
   (5.1)
   berjanji to promise
jantung heart (7.1) (medical context)
jarang seldom (8.1)
jatuh to fall (7.3)
   jatuh cinta to fall in love (8.2)
jauh far (4.2)
jawab to answer (5.2)
   jawaban answer
jelas clear
jelek bad, low (for grades) (7.1)
jeruk orange (4.3)
jual to sell
   penjual seller (4.3)
juga also, as well (2.1)
kabar news (2.1)
kacamata glasses, spectacles (5.3)
kadang-kadang sometimes (8.1)
kain cloth (6.3)

kaji lesson, instruction, knowledge
   kajian Asia Tenggara Southeast Asian
   studies (2.3)
kakak older sibling (2.1)
kakek grandfather (2.1)
kaki foot (4.2)
kalau if, supposing that
   kalau begitu if so, in that case (4.1)
   kalau tidak salah if I'm not mistaken
   (6.3)
kali time, occasion
   sekali one time, once
   sekali jalan one way (6.2)
kalian you all (used for people of the same
   or lower status) (6.2)
kamar room (2.2)
   kamar kecil room with a toilet (3.3)
   kamar mandi room with a shower or
   bathing facilities and
sometimes a toilet as well (3.3)
   kamar tidur bedroom (3.3)
kami we, us (excluding the addressee)
   (4.1)
kampung 1. village, administrative area of a
   city; 2. hometown
kan expressive particle meaning "You
   should have known" when it precedes
   the predicate (8.1)
kanan right (3.3)
kantin cafeteria (2.1)
kantor office
   kantor pos post office (1.2)
kaos oblong, T-shirt T-shirt (5.3)
   kaos kaki socks (5.3)
kapan when (4.1)
karena because (1.3)
kartu card
   kartu nama business card (7.1)
kata word
ke to, toward, in the direction of (1.3)
kecil small (1.2)
kegiatan/aktivitas activity (4.1)
kelas class (1.1)
kelompok group (6.3)
keluarga family (2.1)
keluh to complain
   keluhan complaint (7.3)
kemarin yesterday (5.3)

kembali to return, go/come back (1.1)
kemeja shirt (5.3)
kena to get/suffer from s.t. (7.3)
kenal, mengenal to know, recognize (2.2)
   berkenalan to meet, get acquainted (with) (1.1)
   kenalan acquaintance
   perkenalkan to introduce (5.1)
   terkenal well-known, famous (5.2)
kenapa why (colloquial) (7.1)
kendaraan vehicle (8.1)
kepada to (a person) (2.2)
kereta carriage, cart
   kereta api train, railway (1.2)
keriting curly (of hair) (2.2)
kerja, bekerja to work (1.3)
   kerjakan to do, perform, execute, carry out s.t. (4.1)
   pekerjaan work, job, occupation (4.2)
   pekerjaan rumah (PR) homework (1.3)
khas typical/specific to a region (3.2)
khawatir to worry (7.3)
   kekhawatiran anxiety, worry (7.1)
kira to think, be of the opinion (5.1)
   kira-kira approximately (4.2)
kiri left (3.3)
kita we (including addressee) (2.2)
klien client (5.3)
klinik clinic (7.2)
kok 1. a particle that expresses disagreement with that which the interlocutor has said or implied when it follows the predicate (6.1); 2. why, how come (a particle that expresses surprise when it precedes the predicate) (8.1)
konsultasi consultation, counseling (4.1)
kopi coffee (1.1)
kos boardinghouse (1.1)
kota city (4.2)
kota kelahiran hometown (8.2)
kotor dirty (1.2)
kue cake (4.2)
kuliah lecture (in college) (2.2)
kulit 1. skin; 2. peel, husk, shell; 3. leather (6.3)
kuning yellow (5.3)

kunjung, berkunjung to visit (3.3)
   kunjungi to visit, see (6.2)
   pengunjung visitor (3.2)
kurang less, not enough, insufficient (1.2)
   kurang enak badan to not feel well (7.2)
   kurang tahu to not be sure (4.2)
kursus course (6.1)
kurus thin, skinny (2.2)
lahir to be born (8.2)
   lahirkan to give birth
lain other, another, different
   selain besides, in addition to (8.3)
laki-laki male (2.1), man
lakukan to do (6.3), to conduct, perform
lalu-lintas traffic (4.2)
lama length of time, long (of time) (5.1)
lambat late, slow
   terlambat late (6.1)
lancar fluent (2.3), quick
langganan subscriber, customer
   berlangganan to subscribe to
   pelanggan costumer (5.3), subscriber
langsing slim (2.2)
langsung immediately, directly (7.2)
lantai floor (3.3)
lapar hungry (7.1)
lapor to report
   laporan report (7.2)
lari, berlari to run (5.3)
laut sea (5.3)
layani to serve, attend to (3.2)
   pelayan servant, attendant, waiter, waitress (3.2)
lebih more (4.1)
lengan arm
   lengan pendek short sleeve (5.3)
lepas free, released
   lepaskan to release (7.3)
lewat via, go by way of (6.1), to pass (by)
libur, berlibur to be/go on vacation/holiday (5.1)
   liburan holiday
lihat to look (at), see (2.1)
lima five (2.3)
lomba race, contest
   perlombaan competition (6.3)
luang vacant (of space or time) (6.1)

luar outside
 luar negeri abroad, overseas (3.1)
lucu funny, amusing, humorous (2.2)
lulus to graduate (5.1)
lumayan okay, not so bad (2.3)
lurus straight (2.2)
lusa the day after tomorrow (4.2)
maaf excuse me, I'm sorry (1.3)
macam kind, type (8.3)
macet jammed (of traffic), clogged, blocked (8.1)
madu honey (3.2)
maha superior, great
 mahasiswa college or university student (1.1)
mahal expensive (4.3)
mahir skilled (7.1)
main to play (4.2)
 mainan toy
 permainan game
makan to eat, have a meal (1.1)
 makanan food (3.2)
 makanan kecil snacks (1.1)
 makan waktu time consuming (8.1)
maksud meaning (5.1)
malam night (1.1)
 malam Minggu Saturday night (4.2)
mampir to call on, drop in, come by (3.3)
mampu be able to
 kemampuan ability, skill (2.3)
mana where, which
mandi to take a bath or shower (3.3)
mangga mango (4.3)
mangkuk bowl (3.1)
manis sweet (3.2)
marah annoyed, angry (6.1)
mari let's, good-bye (politeness marker used in leave-taking or to formally end a conversation) (1.3)
mas Javanese term of address for elder brother; also used as a respectful term of address for a man (2.1)
masak to cook (3.3)
masalah problem, issue (8.3)
masih still (5.1)
masuk to enter (1.1)
 masuk angin have cold or flu symptoms (7.1)

mata eye, center
 mata kuliah academic subject (2.3)
mau want, will (1.3)
mbak Javanese term of address for elder sister, respectful term of address for a young woman (2.1)
memang yes, indeed that is so (agreeing with what the previous speaker has said) (5.1)
menarik perhatian to attract someone's attention
mendingan fairly well, better (7.1)
mengapa why (1.3)
mengenai about, concerning (2.2)
merah red (5.3)
mi noodle
milik property of (1.1)
minggu week
 minggu depan next week (3.1)
Minggu Sunday (4.2)
minta to ask for, request (3.2)
 minta maaf to apologize (6.1)
minum to drink (1.1)
 minuman drink (3.2)
mual nauseous (7.1)
mudah easy
mulai to start (6.1)
mungkin maybe, probably (4.2)
murah inexpensive, cheap (4.3)
naik 1. to travel by, take, ride (6.2); 2. to go up, rise, mount
 kenaikan increase, hike, boost (6.1)
nama name (1.1)
nanas pineapple (3.2)
nanti later (1.3)
napas, bernapas to breathe
nasi rice
nasihat advice (7.3)
nenek grandmother (2.1)
nikah to marry (3.1)
 pernikahan wedding (5.3)
nomor number (5.1)
nyanyi, bernyanyi to sing (6.3)
 nyanyian song
 penyanyi singer
nyata real
 kenyataan reality, fact
 ternyata actually, it turns out that (8.1)

obat medicine (7.3)
    berobat to see a doctor (7.1)
obrol to chat (4.2)
    mengobrol, ngobrol to chat (4.2)
olahraga sports
    berolah raga to exercise (4.1)
oleh-oleh small gift (6.3)
omong speech, way of speaking
    omong-omong to chat
    ngomong-ngomong by the way (4.2)
ongkos cost, price (6.2)
operasi surgery, operation (7.2)
orang person (2.2)
    orangtua parent(s) (2.3)
pacar girlfriend/boyfriend (2.1)
pada in, on, at
paduan suara choir (6.3)
pagi morning (1.1)
pahit bitter (3.2)
pakai to wear (5.3)
    pakaian clothes (5.3)
paket parcel, package (8.1)
paling the most (8.3)
paman /om uncle (2.1)
pamit to ask permission to leave (1.3)
panas hot (7.1)
    panas dingin fever and chills (7.1)
panggil to call, summon (7.3)
    panggilan 1. summons, invitation;
    2. nickname, title
panjang long (2.2)
pantai beach (4.2)
pasar market, marketplace (1.2)
    pasar swalayan supermarket (6.3)
pasien patient (7.2)
pawai parade (8.1)
pedas spicy (3.2)
pegawai negeri/pemerintah civil servant (8.3)
pekan week (6.1)
pendek short (2.2)
penting important (6.1)
penuh full (7.2)
penumpang passenger (8.1)
penyebab cause (8.1)
penyuluhan pertanian agriculture extension (8.3)
perempuan woman, female (2.1)
pergi to go (1.3)

periksa to examine, check (7.1)
perintah recommendation, order (7.3)
perlu must, should, have to, need to (7.2)
permisi permission
permisi dulu to ask permission to leave, say good-bye (1.3)
pernah ever, (at least) once (in the past) (5.2)
pertama first (6.3)
pertunjukan performance (8.1)
pesan message (7.2)
    pesan, memesan to order, reserve (3.2)
pesawat airplane, aircraft (5.1)
pesta party (1.3)
peta map (4.2)
petani farmer (8.3)
pilek to have a cold/the flu (7.1)
pilih to choose (8.3)
pindah to move (7.1)
pinggir edge, side (5.3)
pisah, berpisah to part
    terpisah be separated (5.2)
pisang banana (1.1)
    pisang goreng fried banana (1.1)
pohon tree (5.3)
polisi police (4.2)
porsi portion, a serving (3.2)
pos post, mail (1.2)
praktik practice (5.1)
    berpraktik to practice
pribadi private (8.1)
puasa to fast (abstain from food and drink) (7.2)
pucat pale (7.1)
pulang to go home (1.3)
    pulang pergi round-trip (6.2)
    pulang kampung to return to one's hometown (8.2)
punya to have (3.2)
pusing dizzy, headache (7.1)
pustaka book
    perpustakaan library (1.2)
putih white (5.3)
radang inflammation (7.1)
    radang tenggorokan sore throat (7.1)
ramah 1. friendly (2.2); 2. cordial, warm and sincere
ramai crowded (with people) (8.1)

rambut hair (2.2)

rapat meeting (4.1)

rayu flattery

   merayu to charm, court, please, flirt with (8.2)

renang, berenang to swim (4.2)

rencana plan (6.1)

rendah low (8.3)

resep 1. (drug) prescription (7.3), 2. recipe

riwayat hidup biography (8.2)

rok skirt, dress (5.3)

ruang space, room (3.3)

rumah house, dwelling, residence (1.1)

   rumah kos boardinghouse (1.1)

   rumah tangga household, home

   ibu rumah tangga housewife (see *ibu*)

rusak damaged, worn-out, not usable (5.3)

Sabtu Saturday (4.2)

saja only, merely (3.2)

sakit sick, ill (5.1)

   penyakit illness, disease (7.1)

salah wrong, incorrect

salam peace, greetings

salam manis best wishes, warm regards (expression used to close a letter to a friend) (2.2)

sama same, similar, alike

   bersama-sama together (5.1)

sampai until (1.3)

sana there

   di sana over there (2.1)

santai relaxed, leisure time (4.2)

saran opinion

   sarankan to suggest (7.1)

sastra literature (2.3)

satu one (3.2)

saudara sibling, relative (5.2)

saya I, me, my (first person singular) (1.1)

sayang it's a pity, too bad, unfortunate (5.2)

sebab because, cause, reason

   penyebab cause (8.1)

sebagai as, in the function of (8.3)

   dan sebagainya (dsb) and so forth, et cetera (5.1)

sebelah side, next to, beside (3.3)

seberang opposite side, place across (the street, river)

   menyeberang to cross over s.t. (5.3)

sedang 1. indicates an ongoing activity (*auxiliary verb*) (2.2); 2. medium (of height and size), moderate (2.2)

sediakan to provide, to supply (8.3)

sedikit a little (2.3)

seekor classifier for animals (5.3)

segar fresh (4.3)

segera immediately, at once, right away (5.3)

sehat healthy (7.1)

   kesehatan health

sehingga so that (8.2)

sejak since (7.1)

   sejak kapan since when (8.2)

sejarah history (2.3)

sekali very (3.1)

sekarang now (1.3)

sekolah menengah atas (SMA) high school (8.2)

selain itu besides, in addition to that (8.3)

selalu always (8.1)

selama while, as long as, during (5.1), for (duration of time) (6.2)

selamat 1. safe and sound; 2. congratulations, good wishes, all the best

   selamat malam good night (1.1)

   selamat pagi good morning (1.1)

   selamat siang good afternoon (1.1)

   selamat sore good afternoon (1.1)

   selamat hari raya happy holiday

selesai finished, completed (5.1)

   selesaikan to finish

sembuh cured, recovered (7.1)

   cepat sembuh to recover quickly (7.2)

semoga I (we) hope that, hopefully (7.2)

senang to like, be happy (2.2)

sendiri 1. self, oneself, independently (5.1); 2. by oneself (7.2)

seni art (6.1)

   kesenian arts (6.2)

sepak a kick

   sepak bola soccer (4.2)

sepatu shoe (5.3)

seperti like, as (7.2)

sering often, frequently (7.1)

setiap each, every (5.3)

setuju agree (6.1)

sewa to rent (8.1)

siang afternoon (11:00–15:00)

siapa who (1.1)

sibuk busy (6.1)

silakan please, a polite offer marker (1.1)

sini here (1.2)

sisir comb

   sesisir a bunch (of bananas) (4.3)

siswa student

sopir driver (8.1)

sore afternoon (11:00–18:00)

stasiun station (1.2)

suami husband (3.1)

suara voice (6.3)

sudah already (1.3), auxiliary verb indicating that the action of the verb is complete

   sesudah after (3.2)

suhu temperature (7.3)

sulit difficult, hard (2.3)

sumbat to close up, plug up

   tersumbat stuffed-up (nose) (7.1)

suntik to inject, inoculate

   suntikan shot, injection (7.3)

supaya in order to, so that (7.3)

suruh to order, tell (s.o. to do s.t.) (8.1)

suster nurse (7.2)

susul to follow

   susulan s.t. that follows, addition

   ujian susulan make-up exam (6.1)

tadi just now, earlier, before (6.1)

tahu to know (4.2)

   pengetahuan knowledge (8.3)

tahun year (2.3)

takut to be afraid, scared, frightened; to worry (7.1)

taman garden (5.3)

tampan handsome (2.2)

tampil to appear, perform (6.1)

tamu guest (3.1)

tangan hand

tangga 1. stairs; 2. ladder

tanggap responsive, perceptive

   tanggapi to respond

   tanggapan response, reaction (6.3)

tanya, bertanya to ask (1.2)

   tanyakan to ask about s.t.

   pertanyaan question (3.1)

tarik to pull, draw, attract

   menarik 1) interesting, 2) to pull

   tarik napas to take a breath (7.3)

tawar plain, tasteless, bland (3.2)

tawar, menawar to bargain (4.3)

teh tea (1.1)

tekan to press

   tekanan pressure (7.3)

   tekanan darah blood pressure (7.3)

telepon to call s.o., telephone (5.1)

teman friend (1.1)

tempat place, locality

   tempat tinggal residence (3.3)

temu, bertemu to meet, encounter (1.3)

   ketemu to run into, meet (informal)

   pertemuan meeting (6.1)

tengah middle, center

   setengah half (4.1)

tenis tennis

tentang about, concerning (2.2)

tentu definite, sure, certain

   tentu saja certainly (1.2)

teras porch, terrace (3.3)

terbang to fly

terhadap concerning, regarding, about (6.3) (see *hadap*)

terima to receive (3.3)

   terima kasih thank you (1.1)

ternyata actually, it turns out that (8.1) (see *nyata*)

terus continue, keep going (4.2)

tetangga neighbor (2.2)

tetapi/tapi but (5.3)

tidak no, not (1.2)

   tidak apa-apa it's okay, it's no problem (6.1)

   tidak jadi not work out (X does not happen as planned) (4.3)

   tidak pernah never (8.1)

tidur to sleep (3.3)

tifus typhus (7.3)

tiga three

   ketiga third (6.3)

tinggal to live (1.2)

   meninggal to die (8.2)

tinggi 1. tall (2.2), high
tingkat level (6.1)
toko store (1.2)
tolak to refuse (4.1)
tolong please (a polite request marker)
(7.3); 2. to help, aid
tonton to watch (2.2)
   penonton viewer, audience
tua old
tugas task, duty, assignment (5.1)
   tugas kelompok group project (2.1)
   tugaskan to assign (8.2)
tuju direction
   tujuan destination (6.2)
tukar to change, exchange
   tempat penukaran uang money changer
(6.3)
tunggu to wait
   tunggu dulu to wait a minute (1.3)
turun to disembark, get off, get down (6.2)
tutup to close (6.3)
   tutup gelas cover for a glass (3.1)
uang money (6.3)
uji to test
   ujian test, exam (4.1)
ukur to measure
   ukuran size (5.3)
ulang to repeat
   ulang tahun birthday (1.3)

umum general, common (7.1)
umur age (5.2)
ungu purple
urutan order, sequence (8.2)
usaha business, work, enterprise (5.1)
   pengusaha businessman (8.3)
   perusahaan company (4.2)
usulkan to suggest (6.3)
utara north
waduh Wow! (exclamation of
astonishment/surprise) (4.2)
wajah face (2.2)
waktu when (5.2)
   waktu luang spare time (6.1)
walaupun although, even if, though (8.1)
warung small shop
   warung kopi coffee shop (1.2)
wawancara interview (5.3)
wayang shadow play performance using
puppets
   wayang kulit shadow play performance
using flat leather puppets (6.3)
   wayang orang dance-drama using actors
(6.3)
wisata trip, tour (6.3)
yaitu that is (8.3)
yang the one, which (4.3)
   yang lalu the previous one, last (6.1),
ago (8.2)